杨绛传

生活不易，保持优雅

赵彤彤 著

华中科技大学出版社
http://www.hustp.com
中国·武汉

图书在版编目（CIP）数据

杨绛传：生活不易，保持优雅/赵彤彤著. —武汉：华中科技大学出版社,2019.10（2024.6重印）

ISBN 978-7-5680-5352-5

Ⅰ.①杨… Ⅱ.①赵… Ⅲ.①杨绛（1911－2016）－传记 Ⅳ.①K825.6

中国版本图书馆 CIP 数据核字（2019）第 138859 号

杨绛传：生活不易，保持优雅
Yang Jiang Zhuan: Shenghuo Buyi, Baochi Youya　　　　　赵彤彤　著

策划编辑：	沈　柳
责任编辑：	江彦彧
封面设计：	刘　婷
责任校对：	刘　竣
责任监印：	朱　玢

出版发行：华中科技大学出版社（中国·武汉）　　电话：(027) 81321913
　　　　　武汉市东湖新技术开发区华工科技园　邮编：430223

录　　排：武汉蓝色匠心图文设计有限公司
印　　刷：湖北新华印务有限公司
开　　本：880mm×1230mm　1/32
印　　张：8
字　　数：165 千字
版　　次：2024 年 6 月第 1 版第 5 次印刷
定　　价：38.00 元

本书若有印装质量问题，请向出版社营销中心调换
全国免费服务热线：400-6679-118　　竭诚为您服务
版权所有　侵权必究

序

  昙花一现，蜉蝣一日，百年时光，不过须臾。一个眉眼纤细的小姑娘变成了慈眉善目的女先生。她步履轻盈，不疾不徐地走着。走过民国乱世战火纷飞的硝烟时代，也走过新中国风风雨雨的特定时期。

  很多从那个年代过来的人，都不敢去想、不敢去说是怎么熬过来的，回望其中的辛酸苦楚，恨不得再也不记得。只有内心强大的人才能战胜自己，把那些苦难的日子展现在众人面前。

  新中国成立之前，在黎明前那最黑暗的时期里，杨绛创作了剧本《称心如意》和《弄假成真》，这两部喜剧一上演即赢得满堂彩。战争的年代，一个柔弱女子用文字的力量去启迪人心，自此开启了创作之路。散文集《干校六记》写的是"文革"时期的劳动改造生活，杨绛用云淡风轻的笔触刻画了那一段刻骨铭心的干校生涯，读者可以从字里行间窥探到真实的历史。长篇小说《洗澡》是以新中国成立后知识分子经历的思想改造运动为背景创作的，施蛰存曾赞其为"半部《红楼梦》加上半部《儒林外史》"，可见该部小说之精妙绝伦。杨绛通晓英语、法语和西班牙语，翻译《堂吉诃德》为她赢得了世界的认可。《我们仨》主要写杨绛、钱锺书和女儿钱瑗三个人的故事，纪念一家人美好而温暖的生活。《走到人生边上》写于杨绛96岁高龄时，她在问答中写出了一部人生哲学。

也许应了那句"只有经历地狱般的人生磨砺，才能练就创造天堂的力量"。杨绛用流过血的手指，受过伤害的心，创造出无数经典的传世佳作，翻译出古今各国的文学巨著，终于成为今天世界瞩目的著名翻译家、文学家和外国文学研究家。

杨绛的一生，对抗过硝烟、疾病、政治风暴和生离死别，从不退缩；她经历了人生的跌宕起伏，却依旧平静、优雅、知足和恬淡。饮进所有悲伤痛苦，倾倒所有欢乐祝福，杨绛坦然拥抱痛苦，然后像一名魔术师一样再把它变成喜悦，活出了奇迹般的人生。在看清楚生活的真相之后，她依然热爱着整个世界，她永不畏惧、永不放弃地向前走。

杨绛的丈夫钱锺书赞其为"最贤的妻，最才的女"，"绝无仅有地结合了各不相容的三者：妻子、情人、朋友"。这对学者伉俪是如此恩爱，他们不仅是生活中的伴侣，更是精神世界中的伴侣。学识上，他们旗鼓相当。外面的世界光怪陆离，他们愉快地看着，愉悦地聊着，却并不外说，只在文字中以隐喻落笔，也只对彼此交心畅谈。"心有灵犀"说的就是这样的相知相处。

今时今日，在这个瞬息万变的时代，杨绛的精神仿佛是一处亘古不变的所在。伉俪情深，杨绛爱钱锺书，她用一生的时间讲了一部动人的爱情童话。走进杨绛的世界，睁开心灵之眼，可以感受到一股治愈人心的力量，迷茫的人可以找到方向，心灵将得到救赎。这位安静、优雅、博学的女性，用她高贵、生动而又深刻的灵魂影响了一代又一代的人。

目录

第一章　书香门第，寒素人家

1　家世渊源 —— 2
2　杨家有女 —— 7
3　举家南归 —— 12
4　童年纪事 —— 17

第二章　金风玉露，锦瑟年华

1　仙童静好 —— 24
2　振华少女 —— 29
3　东吴大学 —— 33
4　清华初遇 —— 38

第三章　学海无涯，比翼双飞

1　旷世情缘 —— 44
2　岁月如歌 —— 49
3　佳偶天成 —— 53
4　远赴英伦 —— 59

第四章 异国求学,两两相伴

1 牛津趣事 —— 66
2 精彩生活 —— 70
3 喜得千金 —— 75
4 巴黎深造 —— 80

第五章 国难当头,毅然回国

1 归心似箭 —— 88
2 走马上任 —— 93
3 又起风波 —— 98
4 夫妻团圆 —— 102

第六章 惊才绝绝,安之若素

1 初露头角 —— 110
2 好剧连连 —— 115
3 伉俪情深 —— 119
4 苦尽甘来 —— 123

第七章 京华烟云，浮生若梦
1 见素抱朴 ——130
2 清华为师 ——135
3 悠然一家 ——139
4 无妄之灾 ——144

第八章 跌宕岁月，与世沉浮
1 离开清华 ——150
2 广场观礼 ——154
3 书斋生活 ——158
4 好奇下乡 ——162

第九章 十年动荡，磨砺人生
1 劫难开始 ——168
2 心有坚毅 ——172
3 艰难求生 ——176
4 五七干校 ——181

3

第十章 否极泰来，春回大地
1 携手归家 ———— 188
2 寄情笔墨 ———— 193
3 书写人生 ———— 197
4 荣耀一身 ———— 201

第十一章 彩云易散，琉璃易碎
1 恋恋情深 ———— 208
2 送别至亲 ———— 212
3 爱无止境 ———— 217
4 生活碎影 ———— 221

第十二章 时光隐士，孑然一身
1 人生边上 ———— 228
2 期颐之年 ———— 232
3 法律维权 ———— 237
4 生荣死哀 ———— 242

第一章 书香门第,寒素人家

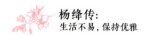

1 家世渊源

每个人来到这个世界上,都是以家为起点。每个人行走世间,也自有其独特的风格,这是家风、家教使然。因为,一个人的家世,就是教化之源,所以,要读懂一个人,不妨先观其家世渊源。

杨氏家族世居江苏无锡,这里是烟雨蒙蒙的江南水乡,被誉为"太湖明珠",也是历史文化名城。这里人杰地灵、人才辈出,晋时的顾恺之,明朝的徐霞客,近代的徐悲鸿、钱锺书,多少文人墨客在这片沃土上成长起来。

杨绛的曾祖父、祖父都在江浙地区做过官,家中子弟自小都要读书受教,可谓一门书香之家,代代都是读书之人。杨绛的父亲杨荫杭是一名进步学者,也是名满天下的法学家。

杨荫杭出生于1878年,字补塘,自幼酷爱读书,少年时即文采风流,闻名乡里。1895年,盛宣怀在天津创办天津中西学堂,同年,杨荫杭考入这所学堂。学堂对所有学生免费,教学上

第一章
书香门第，寒素人家

奉行美国模式，有"东方康奈尔"的美誉。这是中国近现代史上第一所官办大学，各方面条件非常优越，后来先后更名为北洋大学、天津大学。

1897年，学校食堂出现了一些问题，矛盾不断激化，最终引发学潮。校方对此态度强硬，决定开除带头闹事者，那些之前慷慨激昂的人却在这个时候悄无声息了。杨荫杭本来没有参与这次学潮，却挺身而出承担了责任，学潮平息后，他也被开除了。从这里可以看出，年纪轻轻的杨荫杭已经是一个有担当的人，在太多人选择明哲保身的年代，他是不同的，绝非随波逐流之辈。

命运关上一扇门，却会给人留一扇窗，只管走下去，转身又是一条新的风光大路。杨荫杭是有真才实学的，不久，他再次考入另一所学堂，那就是上海的南洋公学，即赫赫有名的上海交通大学的前身。

1898年，杨荫杭因为成绩优秀被保送至日本的东京专门学校留学，这所学校就是后来的早稻田大学。留学期间，国内发生了百日维新、义和团运动等一系列事件，这些救亡图存的运动，推动了祖国的进步和人民的觉醒。杨荫杭加入了由留日学生们共同组织成立的励志会，旨在学好知识、激励志气、报效祖国。

这一时期，杨荫杭和几位同学共同创办了第一份留学生杂志——《译书汇编》，专门刊登政治、法律方面的国际名著，从孟德斯鸠的《万法精理》、卢梭的《民约论》到伯伦知理的《国法泛论》、斯宾塞的《政治哲学》等欧美政治学说，还有加藤弘之

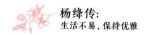

的《物竞论》、鸟谷部铣太郎的《政治学提纲》等日本著作，经翻译后逐期登载。该杂志对推动中国青年思想进步有很大意义，堪称留学界杂志的元祖。杨荫杭曾说道："与其写些空洞无物的文章，不如翻译些外国有价值的作品。翻译也可以大有作为。"

异国求学的日子，充实而美好。假期回乡探亲的时候，杨荫杭还在无锡成立励志学会，集会宣传新知识、新思想。

也是在1898年，杨荫杭和唐须嫈结婚了，这是位温良贤淑的中国式女子，也是一位名校出身的知识女性。

唐须嫈也是无锡人，与杨荫杭同岁。她自小家中富足，父母给她找了一个女夫子，教她读书认字。长大后，她曾在上海务本女中读中学，这所学校是中国第一所由中国人创办的女子中学，现为坐落在上海市徐汇区的上海市第二中学。唐须嫈和杨荫杭的妹妹杨荫榆是同学，杨荫榆后来成为民国时期著名的女教育家，而唐须嫈在嫁给杨荫杭后就专心做一名贤妻良母，在家相夫教子，一生中共生育了8个孩子。

旧式的婚姻，受父母之命，听媒妁之言，但他们很般配。一个是留学日本的精英学生，另一个是上海名校的才女，夫妻间共同语言太多了，他们无话不谈，生活始终琴瑟和鸣。很多人都向往一见钟情的浪漫，但是古老的中国式婚姻中也有很多日久生情的美好故事。

1902年，杨荫杭离开日本。回国后，他被派往译书院工作，编译了珍贵的教材——《名学教科书》，不仅为学生开宗明义，

第一章
书香门第,寒素人家

更成为当时人们争相传阅的好书,对学术的发展有进步意义。1903年,译书院因为经费不足而停办,杨荫杭从上海返回无锡老家。

回乡之后,杨荫杭和留日同学一起创办了"理化研究会",日日研究理化知识,这期间还学习了英文。妹妹杨荫榆在这一时期受哥哥影响,日后到东京留学时选择了理化专业。不久,杨荫杭在《时报》《大陆月刊》《苏报》等几家杂志任编辑,笔耕不辍地撰稿发文,在忙碌之中还为务本女校、澄衷学校和中国公学等校的学生讲课。年轻的杨荫杭精力充沛、干劲十足。

1906年,民主革命的思潮在全国愈演愈烈,清政府宣布预备立宪。杨荫杭却在激进的思想狂潮中冷静下来,他选择离开,他不认为立宪能够解决当时中国的困境。心中要有希望,但是不能受其蒙蔽,因为希望有时候会像欲望一样蛊惑人心,当你以为得到了想要的,其实是被欺骗了,所以不要心存幻想。对于杨荫杭来说,祖国的未来笼罩在一片大雾中,一如他的未来,没有办法预知前面会发生什么,但是他能确定他要做的是什么。大丈夫生于天地之间,当闯荡天下,立不世之功勋。未来要脚踏实地地、一手一脚地去干,而不是消极地把希望寄托他人。尽人事,听天命。

杨荫杭远渡重洋,到美国宾夕法尼亚大学求学,攻读法律专业,以自己的方式寻求一条救国之路,他认为,先要了解并研究西方的民主法制,才能从中找出中国未来的去向。杨荫杭的硕士

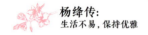

论文题为《日本商法》，论文在他离校后出版成书。文中将日本商法与欧洲各国的商法，如德国商法作了一系列的比较，指出了日本商法的特殊之处。

杨荫杭再次归国后去了北京，张謇推荐他到北京法政学堂执教。肃亲王善耆是皇室中提倡改革的一派，他听闻杨荫杭在京，并且曾经留学西洋，精通各国律法，就请他为自己授课。

辛亥革命发生之后，杨荫杭正式踏入官场，任江苏省高等审判厅厅长兼司法筹备处处长。依照北洋政府所定"本省人不能担任本省官职"的制度，他又被调到杭州，出任浙江省高等审判厅厅长。

当时各地的政权是由督军、民政长与高等审判长三权分治，朱瑞任浙江省督军、屈映光任浙江省民政长。走马上任不久，杨荫杭就接手了一件性质极其恶劣的恶霸杀人案。案件的主犯与当时的地方掌权人有关系，仗势欺人、横行乡里都是事实。屈映光曾经为恶霸说情，而杨荫杭却说："杀人偿命，不能宽宥。"他坚持司法的公正与独立，将罪犯依法处以极刑。屈映光因此事而记恨于心，后来在袁世凯面前曾说杨荫杭"冥顽不灵，难与共事"。幸好杨荫杭有一个同乡，此人恰好是袁世凯的秘书长，为他说了公道话，袁世凯只是将其调往北京。

一些学识渊博的人，他们熟读诗书，精通法律条文，在手执权杖后，看上去道貌岸然，却在各种利益的诱惑下，放弃道德底线，不顾人民死活。杨荫杭虽是手无缚鸡之力的书生，却也是铁

第一章
书香门第,寒素人家

骨铮铮、不畏强权的勇士!立身正,正气存,这就是杨绛的父亲。"富贵不能淫,贫贱不能移,威武不能屈"。这句古训在他身上得证。杨绛从父亲身上学到了这些美好的品质,她不对当权者阿谀奉承,也不向施暴者俯首低头。

文化教养、社会担当和独立思考的自由灵魂,这是杨氏家族之本,也是杨氏家族文化传承的核心。杨绛的祖辈都是满腹诗书的忠义之士,父亲学贯中西、秉性正直,母亲知书达理、贤良淑德,在这样的家世教化之下,后辈的学识、气度自然不凡,这才有了后世闻名海内外的杨绛,那个著名的作家、戏剧家、翻译家,那个钱锺书口中"最贤的妻,最才的女"。

2 杨家有女

晚清的北京,有人还沉浸在大清盛世的余晖中不愿醒来。繁华落尽,这片土地将浴火重生,迎来一个新的时代。

1911年7月17日,杨绛在北京出生,就在辛亥革命爆发之前,在整个国家暗潮汹涌之际。青史几番春梦,红尘多少奇才,

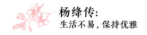

杨绛的一生就从此时的北京开始。

在杨绛的一生中，中华大地饱受震荡，国家和民族面临生死存亡的紧要关头。有人持旧保守，有人进取改革，江山英才辈出，更有无数个奇女子走出闺房，留下耀世光芒。吕碧城、潘良玉、林徽因、阮玲玉、萧红和周璇等，她们有的出身名门，有的出身卑微，她们都在乱世中走出了自己的路，名动天下。在这么多民国女子中，杨绛毫不逊色，一枝独秀，不与百花争奇斗艳，独领淡泊幽香百年。

而彼时，杨绛的父母还不知道这个小女儿会带来怎样的殊荣。在杨绛出生前，杨家已经有了寿康、同康和闰康三个女孩，但是父亲杨荫杭还是特别喜欢这个刚刚降生的小女儿，如珠如宝地疼她。也许因为其他女儿都不在身边，也许因为这是他从国外回来之后迎来的第一个孩子，又或者因为杨绛的小眼睛忽闪忽闪的，透着一股子灵气，笑眯眯的特别讨喜，总之他非常喜爱这个新来的小宝贝，还亲自抱着她哄她睡觉，给她唱清雅的日本歌。杨荫杭给这个女儿取名季康，小名就叫阿季。"季康"与"绛"谐音，这也是杨绛笔名的由来，她喜欢父亲给她取的名字。阿季特别爱笑，尽管生在那样一个时局动荡的年代，她也为家里带来了无限的欢乐。

关于阿季的出生还有件乐事，家人总是说来打趣。阿季的姐姐们都是在老家无锡出生的，南方的接生婆一次收10个铜板的接生费。到阿季出生的时候，家人听闻北方的接生婆大力而粗

第一章
书香门第，寒素人家

暴，于是就找了位日本的产科医生接生，接生费高达 15 两银子。大家都笑说，所有兄弟姐妹的接生费加起来也不及小阿季的。

小阿季不爱哭，偶尔哭闹时，杨父便抱着她来回踱步，口中还哼着歌哄她，后来妈妈告诉小阿季，这可是其他兄弟姐妹都没有享受到的待遇。可惜的是，这种"幸福独女生活"的时间很短，不久之后，杨父辞去公职，带着全家回南方照顾阿季的祖母。随后又前往上海避难，与阿季在上海启明女校念书的大姐、二姐会合。再后来，又有两个弟弟和两个妹妹相继出生。

小阿季聪明又孝顺。有一次，小阿季看到父亲睡着了，就在旁边看书，即便要起身也是轻手轻脚的，一直到父亲醒来都没有发出声响。父亲醒来看到阿季在旁边陪他，就开心地抱着她说："其实我喜欢有人陪着我，只是不要出声。"

阿季四岁时，父亲带着她们母女再次进京。这一次，他们租住在东城的一所老房子中，房东是地地道道的满族。阿季见到了满族女子，见她们身穿旗袍，脚蹬花盆底鞋，身形修长而亭亭玉立，阿季很是喜欢。于是，当父亲问她要不要穿这种高底的鞋子的时候，她立刻回答道："要！"

小阿季每天的生活简单又快乐，在浓浓的温情中长大。父母宠爱她，她也不恃宠而骄，反而更加敬爱他们。父亲饭后喜欢吃水果，她就自告奋勇地剥皮，即使是栗子或山核桃这样不好去壳的东西，也是她来弄，阿季的手很巧，总是做得又快又好。

阿季四岁时，父亲为她选了贝满幼儿院。后来家里迁居到西

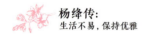

城的东斜街之后，阿季又转到西单牌楼第一蒙养院上学前班，三姐也和她一起在这里上学。阿季六岁的时候从学前班毕业，进入辟才胡同女师大附属小学，还是三姐同行。

阿季小时候长得小小的一团，乖巧可爱，不仅家人喜欢，在学堂里也深得老师和同学的喜欢。阿季的三姑母杨荫榆就在学校里当老师，有一次看到她在饭堂吃饭，饭粒掉了很多，就走过去在她耳边小声告诫，阿季立刻把掉在碗边的饭粒都吃掉了。周围的小朋友也被带动起来，都动作一致地把掉落的饭粒捡起来吃了。

女师大不只有小学部，还有大学部。因为三姑母的缘故，阿季常常被叫到大学部去，戏剧社演戏的时候，她被找去当"花神仙童"，辫子被盘到头顶，缀满鲜花。运动会的时候，阿季也和大姐姐们一起表演，在运动员身边蹦蹦跳跳。在女师大中，小阿季也算是个小名人了。年少不识愁滋味，在风雨飘摇的民国年代，也只有校园中才能这样充满欢声笑语。

1917年春，阿季发现父亲不去上班了，本来勤勉尽责、按时上班的父亲竟和朋友去山里闲逛。原来，父亲的工作出了问题，被停职了。

杨荫杭当时在京师高等检察厅任职检察长，因职责所在受命审理交通厅总长许世英涉嫌受贿一案，但是在官场上总有一些不可明说的惯例，也就是现在说的潜规则。杨荫杭却从来不屑于此，行事光明磊落，在接手这个案子后没有理会涉案人员是高官

第一章
书香门第，寒素人家

显要还是平民百姓，立刻公事公办开始审查，对传唤、询问、查证等程序都一丝不苟，依法而行，没有任何徇私之处。许世英却不是等闲之人，他在京背景深厚，曾经先后任职北京政府大理院院长、内务部总长、司法部总长等高职。从杨荫杭下令传唤许世英开始，杨家的电话就没有停过，当夜，众多上层官员来电为许世英说情，都没有得到杨荫杭的回应。天亮后，杨荫杭就得到通知，他被停职了。

原来，时任司法总长的张耀手段非常，他曾倚仗官职、地位都在杨荫杭之上而向后者施加压力，叫杨不要再继续查许世英一案。但是杨荫杭却不听张耀的指示，他反问司法总长："许世英的道德高尚是不是总长的个人意见？能保证他绝对没有嫌疑吗？"司法总长只得无奈回答："交情甚浅，并不能保。"虽然话是这样回的，但是这位司法总长还有后招，他见说情不成便向总统呈文，诬告杨荫杭违背职务。于是，检察长杨荫杭和检察官张汝霖两人被双双停职。虽然后来司法官惩戒委员会并没有查出任何问题，所谓的"违背职务"更是子虚乌有，但是杨荫杭也不能官复原职了，只能到司法部任其他职位。

经此一事，杨荫杭心灰意冷、备受打击，他看透了北洋政府的官官相护，决定辞官回南方。对于小阿季来说，这些都是她后来才知道的，她只记得家里突然要搬走，她舍不得学堂里的小伙伴，因为走得匆忙，都没有和她们好好告别就离开了。

回南方势在必行了，唐须嫈最后带着孩子们转了转北京的各

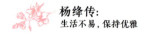

大名胜古迹,还买了很多北方的特产准备带回去,杨荫杭把这几年攒下的书都装进箱笼,大家都有不愿意舍弃的东西。

1919年秋天的一个早上,秋风飒爽,空气沁凉,街边树叶已经开始凋落。杨荫杭带着家人离开北京。这一天,阿季看到了让她终生难忘的暖心一幕,用她的话说就是:"有一大堆人——不是一堆,是一大片人,谁也没有那么多人送行。"阿季非常自豪,觉得自己的父亲是伟大而与众不同的。可见,是非自有曲直,公道自在人心!杨荫杭刚正不阿,实为真的勇士,他的作为虽然没有得到高官的认可,但是身边有更多的人看在眼里。

3 举家南归

归南的路程,对于杨荫杭来说,是一段无奈的伤心之旅,他胸怀为国为民之心,本想在司法部干出一番事业,却饱受挫折。而对于阿季来说,她已经忘记了离开北京的那点惆怅,她对什么都好奇,一路上叽叽喳喳说个不停。舟车劳顿之间,有阿季跑前跑后地吵闹着,倒也冲淡了一些父亲心中的阴郁。

第一章
书香门第，寒素人家

在火车上，阿季看到座位扶手都包着漂亮的丝绒，还有精美的花边，一切都和平时见到的不一样，不免瞪着小眼睛惊呼："好讲究！"她像个小男孩一样，一刻不闲地四处边玩边看，看到什么有趣的东西就跑回来和父亲分享。爸爸告诉她他们现在坐的是头等舱，不一会儿她又跑回来问："那边外国人坐的是几等车厢？"因为她看到那些黄头发外国人所在的车厢，竟然没有一排排座位，他们就像是坐在一间会客厅一样，抽着雪茄、喝着红酒，惬意得很。阿季看着惊奇，就跑回来问个究竟。父亲听了她的形容，没好气地说："二等！"小小的阿季还听不出父亲的言外之意，对于这种外国人在中国享有特权的事情，杨荫杭向来是不屑的。

一家人从北京乘车到达天津后，在码头附近的客栈休整了两天，随后登上"新铭号"客轮从海上一路南下，驶向上海。他们一家老小人比较多，带的行李也特别多，连父亲喜爱的那只猫也一并"夹带"回南了。

船行海上，晃动得特别厉害，难免会让人晕船，但是晕船也不能阻挡阿季的好奇。阿季8岁了，和三姐住在一个舱里，两姐妹一起看了一次海上日出，金灿灿的太阳从海面升起，阿季还不知怎么去形容那种美好，只说："好看极了！"

三天后，船到了上海码头，一家人又换乘了一艘"拖船"，继续前进。"拖船"是一种特殊的船，一艘马力大的火轮船在前行驶，后面拖着很多小船一起走。一家人同坐一艘船上真是自在

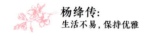

多了,好像是包船游玩一样,3岁大的七妹妹刚会说话,看到四周都是船,就磕磕巴巴地说也要坐船,殊不知现在他们就坐在一艘船上,惹得大家哈哈大笑。离乡日近,船上的欢声笑语也更多了,小猫咪也不必藏着了,不时叫上几声,一派和乐融融。

两天后,一家人终于到了无锡。他们没有回祖宅居住,而是住在父亲提前在无锡沙巷租的一栋宅子里。这是一栋大宅子,前边已经住两家人了,父亲租了后部,房子最后一进靠近河边。因为不是特别满意,父亲还在四处相看房子。

一位亲友介绍了一栋旧宅子,在流芳声巷,于是他们就带了阿季一同去看房子。巧的是,这所房子竟然钱锺书一家正在租住,当时两家人并不认识,也不知道两家孩子长大后会在一起,也许相见就是一份缘。后来,阿季父亲几经斟酌,没有选择这栋宅子,而钱锺书家也在5年后搬走了。

对于临河的这栋宅子虽然不太满意,但是相看了之后又觉得没见着更好的,索性就住在这里了。阿季却觉得这里真是太有趣了,不用出家门,就能看见河了,河上还有大小船只来来往往,这在北京是难以想象的。

父亲喜欢吃虾,尤其喜欢吃"炝虾"。需选用最鲜活的虾,洗净后撒上葱姜,倒上酱油,然后把碗扣上,一会儿就可以吃了。鲜嫩入味,家里人都很爱吃,唯独阿季不吃,她害怕吃活的虾。也许因为吃了活虾,家里很多人都病了,而阿季没事。经过治疗之后,大家都好了,唯独家里的顶梁柱杨荫杭没见好,反而

第一章
书香门第，寒素人家

愈加严重，高烧不退。医生诊断为伤寒，这种病在如今是很好治疗的，但是在当时，连西医化验都要把血尿从无锡送到上海，一个星期才能等到结果，治疗非常棘手。父亲更相信西医，中药都是母亲亲手将中药面塞到胶囊中伪装成西药给父亲吃的。可中药、西药都吃了也不见效，父亲开始说胡话了。

民间有一种老法子，用"叫魂"的方式救人，迷信的人认为人生病是因为灵魂离开了躯体，只要把魂叫回来，人就好了。父亲、母亲都受过教育，不信此道，但母亲觉得既然是亲人的好意就依言照办吧，总没有坏处的，起码也能更安心一些。

夜半三更，阿季和三姐一起在厨房为父亲"叫魂"，阿季高声喊："爸爸！转来吧！"三姐就在旁边轻轻地回应："喔，来了。"阿季继续呼唤父亲，也许因为希望父亲好起来的想法越来越强烈，阿季在连声呼唤之中越来越投入感情，这已经不单单是一种仪式了，更是女儿对父亲深深的爱。

阿季记得，来看父亲的亲友们都唉声叹气地说："要紧人呀！"在无锡方言中这是指养家糊口的人。杨荫杭的父亲过世得很早，他们兄弟姐妹六人中，大哥在念军校时不幸试炮身亡，大姐在出嫁不久就病逝了，留学美国的小弟也在回国不久病逝，所以排行老三的杨荫杭就成了家中的顶梁柱。他要承担起老大的责任，不但要照顾好自己的小家，还要照顾好寡嫂和两个侄子。一大家子的开销，都是由杨荫杭一力承担。这么多人都依靠他，实难想象如果家里失去了顶梁柱，这么大一家子人以后要怎么办。

15

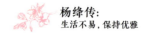

后来父亲的老朋友华实甫先生来了,他也是一位有名的中医,于是母亲恳请他一定要帮父亲开一个方子试试。当时本地的医生已经不给父亲开方子了,而母亲从未放弃过父亲。华先生开的中药中有珍珠粉,母亲把嫁妆中的珍珠都磨成了粉末给父亲入药吃。

病来如山倒,病去如抽丝,父亲终于挺过去了!熬过那最危险的一夜,父亲的身体开始慢慢转好,全家人放下了悬着的心,奉华先生为救命恩人。

无论父亲是如何战胜病魔的,阿季都觉得母亲当居首功,是母亲的永不放弃让父亲重获健康,是母亲无微不至的护理让父亲好了起来。阿季始终记得母亲给父亲做鸡汤时,认真地给鸡汤撇去浮油的样子,浓浓的鸡汤是母亲对父亲的爱。

言传不如身教,阿季在母亲的影响下,日后也成长为如母亲一般的好女子。父亲缠绵病榻半年多,都是母亲一力持家,应付巨额医药费,还要统筹规划全家的开销,生活虽然拮据了些,毕竟家大业大,在父亲老朋友的帮助下渡过了难关。

经此一事,小阿季险些失去了父亲,但是她更懂得了亲情的珍贵。稚龄少女,不谙世事,经历一场变故后,反而懂事了一些。

第一章
书香门第，寒素人家

4 童年纪事

　　阿季回南后在沙巷口大王庙小学念书，那里离家很近。因为父亲突然病重，家里无暇照顾孩子们，所以就近找了一所学校。阿季和大弟、小弟每天一起去学校，学校只有一间大课堂，可以容纳近百人，老师却只有两个人，其中一个还是校长本人。校长性情温和，对学生很和睦。另一个孙老师比较严厉，总是拿着教鞭，有什么风吹草动就敲打课桌，以示震慑，如果有哪个淘气包犯错了，也会挨上那么几鞭子。

　　晚年的时候，阿季回忆这一段在大王庙读书的日子，总觉得当时情景历历在目，但是学了什么却完全不记得。比如每天课前做早操的时候，有一个高个子学生会站在最前边喊口令，偏偏他有点口音，喊什么都带"儿"的尾音，非常有趣。校长的儿子也在学校里，他淘气，总犯错，校长气急了就拽下裤子打他的屁股，孙老师便会上前劝阻。

　　大王庙小学虽然离家很近，但是教学质量不高，阿季知道父亲对她寄予很大希望，一定希望她去念启明女校，于是在父亲病好之后，就自己提出要去启明念书。母亲问阿季："你打定主意

17

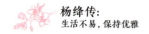
杨绛传：
生活不易，保持优雅

了?"阿季说："打定了。""你是愿意去?"阿季说着"愿意"的同时，却流了满脸的泪。经过这一场病难，阿季对父母、对这个家更加依恋了，阿季做什么都希望父亲开心。

1920年2月，阿季和大姐、三姐一同上路，身上带着母亲给她的一块银圆和大姐送她的细麻纱手绢。阿季还记得离开家时的眷恋，母亲的嘱托拉长了分别的脚步。人总要长大的，也总要离开家。怀着对新生活的好奇，她踏上了前往启明女校的道路。

启明女校的前身是一所教会学校，由法国天主教会为非教徒建立的女子私塾，就在上海徐家汇圣母院内，是上海有名的洋学堂。阿季的父亲有过多年留学生涯，见多识广，一般学校是瞧不上的，所以从第一个女儿寿康上学开始，他就为子女留心寻找最好的学校，几番斟酌后才选择的这里。阿季的大姐、二姐、堂姐还有二姑妈都曾在这里念书，如今又加上她和三姐。

法国人办的洋学堂，自然与当时中国的普通学校不同。阿季从踏入启明女校的那一刻开始，小眼睛就转得停不下来了，入目都是她从没见过的东西，阿季觉得这里"好神奇，好气派"，张大了嘴巴，看得目不暇接。

一条花砖长廊，廊柱、栏杆都十分精美，流露出一种法式的优雅，廊下是碎石子路，路面很宽。长廊的一侧是碧绿的草坪，像一块绿色的地毯，另一侧是一排教室。阿季走进一间英语自习室，发现这里真的很大，仅这一间就和整个大王庙小学差不多大了，桌椅整齐，窗明几净，墙壁洁白无瑕。教室后边还有一片空

第一章
书香门第，寒素人家

地，摆着秋千、跷跷板等设施。不知哪里传来一阵清香，阿季望去，看到了一座花团锦簇的花园，前夜好像下雨了，花圃里的鲜花经过夜雨的滋润，在微风的吹拂下散发出阵阵香气。整座学校处处是美景，三三两两的美丽学姐抱书走过，更是校园独特而美丽的风景。

阿季就在这座法国花园一般的洋学堂入学了。启明的教师大多是修女，被称为"姆姆"。初见修女，阿季觉得她们好神秘，黑衣黑帽，圣洁又端庄的样子。校长是法国人礼姆姆，花白的头发，精神矍铄，为学校的事情忙个不停，还偶尔兼教法文课，但是她只给大班的学生讲，小班学生就由阿季的大姐来教。

相比其他同学，阿季很幸运，阿季的大姐寿康已经是这里的老师了，她是以启明女校的中文第一名、法文第一名的好成绩毕业的，当时一位法国考官非常欣赏她，还奖赏给她一块浪琴的金表。毕业后，大姐就留在学校教书，同时还兼任礼姆姆的助手。

阿季上学较早，但是之前的学校都是走读，每天都是回家的，寄宿学校就不同了。阿季和大姐、三姐一个房间，每天能和姐姐们一起去餐厅吃饭，也能一起回寝室睡觉，但是姐姐们也都有自己的事要忙，生活上阿季还是要学着自己动手。阿季很聪明，动手能力也强，很快就适应了这里的生活。

阿季爱整齐，刚开始她的床帐都是姐姐帮忙整理，后来就自己拾掇帐子。她个子比较矮，收拾的时候要搬个凳子，小小的一团在床上、床下、床头、床尾来回整理，一丝不苟，势必要把自

己的床帐整理得没有一丝褶皱,她也喜欢大家夸她的帐子整齐。

对于阿季来说,梳头发也是个难题,学校要求不能散发,刘海也要编入辫子或者发髻中。在家的时候母亲给她梳,刚到启明的时候姐姐给她梳,后来聪明的阿季就自己研究着自己梳,把两只手加上牙齿都用上了,9岁的小姑娘也能自己给自己梳头了。

每到星期日的时候,就有姆姆带着小班学生去郊外游玩,有时候也去一些私人花园,要求大家都要穿校服、戴校徽,在外期间一定要听从姆姆的话,不准"跑路"。

有一次,珍姆姆带阿季她们去一个私家花园,突然有两个小孩子跑过来,说同伴陷在泥潭里了。这些淘气鬼,遇到事情总喜欢来找阿季,因为她比她们班次高却不比她们大,所以被拥戴为"大王"。珍姆姆听了认为那个小泥潭没什么危险,就拦着没让她去。结果她一着急,就算顶撞了姆姆也要去,急急忙忙地跑去帮忙了。到那里一看,那个小伙伴也确实没有什么危险,就是鞋袜都是泥。鞋子可以拿到水房去冲洗一下,袜子怎么办呢?阿季灵机一动,想起早上看到有个同学是穿两双袜子的,就让那个同学借落难的同学一双,总算可以勉强归队了。后来珍姆姆训诫了她们几句,这件事就过去了。从这事就可以看出,阿季从小就是个善良、聪明、有主见的人。

懵懂之间,时光流转,只有走过的人才知道,一生之中最让人念念不忘的,还是那段青涩年华,再没有什么时候能这样无忧无虑、纯净美好。

第一章
书香门第，寒素人家

  阿季在这里也交到了一个贴心好友，小女孩名叫朱书清，年龄比阿季大一岁，她们是同班同学，又都是优等生，兴趣相投的两个小姑娘就整天一起上课、一起玩。

  启明的淘气鬼很多，阿季学习好，很多姆姆都特别偏爱她，但是她仍然属于淘气鬼一帮里的。这些小鬼头聚在一起常常议论和猜测一些有的没的事，比如：姆姆们的修女装束到底是戴着几顶帽子？穿了几条裙子？一次集体外出的时候，阿季终于有机会和姆姆一起睡觉了，她兴奋地一直睡不着，直等姆姆回屋子。姆姆回来了！只见她先摘掉黑帽子，然后里边是雪白的衬帽，最后是一顶黑色的小帽子。到裙子了，姆姆先是脱掉最外层的黑衣黑裙，再脱掉一条黑衬裙，然后脱掉雪白的衬衣衬裙，最后里边是一套黑衣黑裤。这个好奇宝宝最终确定，原来修女的帽子是三顶，裙子共有三条。

  校长礼姆姆有一个口头禅："Ah，pauver petite!"意思是说："啊，我的小可怜儿。"阿季她们几个小淘气，常常在背后偷偷学着礼姆姆的口气跟着说，小团子一般的小姑娘装得像个小大人儿似的。多年后，阿季依然记忆犹新，偶然讲给丈夫钱锺书听，还被他写到了《围城》里边儿，可见艺术真的离不开生活。

  每个人的童年都是在肆意玩耍中度过的，其他事情都会在岁月中被淡忘，唯有玩耍时的那种不谙世事的快乐会长留心间，那是单纯的、极致的快乐。小阿季黄金般的孩提时代的点点滴滴，汇聚成尘封的记忆，再次想起的时候，总会让她感觉绚烂多彩。

第二章 金风玉露,锦瑟年华

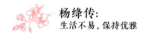

1 仙童静好

启明女校每个月都会放假一天,本地的学生可以跟家长回家,这一天被叫作"月头礼拜"。阿季年少离家,虽然大姐和三姐都在,没有感到特别孤单,但是每到这一天,看着别人都被父母接回家,她就非常想念父亲和母亲。姆姆心疼那些留校的孩子,会做些西式的小点心给她们吃,点心美味可口,但是阿季还是很想念母亲做的吃食,那食物里有妈妈的味道。

这样过了几个月,有一次放假,姐姐突然对她说可以去申报馆看父亲了,阿季高兴得一直笑。阿季和姐姐坐上电车,来到父亲工作的地方。古灵精怪的阿季放轻了脚步,偷偷走到父亲身边。父亲手里拿着笔正在写着什么,察觉到旁边有人的时候,抬头一看,正好对上阿季大大的笑脸,立刻展颜而笑。

父亲的病已经全好了,但是瘦了一些。阿季很高兴,就一直傻笑着盯着父亲看。中午的时候,父亲带她们姐妹去附近的西餐馆吃饭,这是阿季第一次吃西餐,她只顾着学习怎么用刀叉,连

第二章

金风玉露，锦瑟年华

菜的味道都忘记了。

暑假的时候，姐姐带着阿季回无锡老家。等到再开学的时候，妈妈和妹妹就一起来上海了。杨家人正式迁居上海，一家人又到一处了。往后的"月头礼拜"，阿季和姐姐也可以回家了。

1923年的夏天，阿季与大姐、三姐一同回老家无锡过暑假。这一时期，阿季的父亲杨荫杭重执旧业，继续做律师，但是他不喜欢上海，于是带领着一家迁居苏州，而祖母等人安土重迁，还是留在无锡老家。

这个夏天发生的一件糗事让阿季太难忘了，她曾经和三姐一起掉入一摊臭水中。

放暑假回家的那天，大姐找来三辆黄包车，三姐妹要赶往徐家汇火车站坐车回家，一辆车专门用来放行李，一辆车载着大姐和部分行李，最后一辆车载着三姐和阿季。因为要赶火车，大姐吩咐车夫尽量快些。

在一段狭窄的乡道上，阿季和三姐所乘的那辆黄包车突然失衡，右边轮子偏向路旁的沟里，整个车就这样翻了，两个女孩就这样飞出去了。等这惊魂动魄的一瞬过去，阿季高兴地发现自己没受伤，然后让人懊恼的是，她们掉进一摊臭水稀泥中。

车夫连声道歉，然后拉着两个满身臭水的姑娘继续赶往火车站。到了车站后，两名热心的员工给她们找来两个小脸盆，没有热水只有冷水，她们只能粗略收拾一下，从箱笼里找出一套衣服换上，因为火车马上就来了。两个臭姑娘带着一股浓浓的刺激性

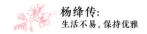

气味冲上火车,拥挤的火车上她俩的周围却异常宽敞,众人都捂着鼻子躲着她俩。

阿季的三姑是杨荫榆,父亲常常笑称她是"大教育家"。暑假的时候,父亲让她为阿季和三姐选新学校。起初她定了苏州景海女校,但是很快又转念选了振华女校。很久之后,阿季才知道父亲让她们离开启明的真正缘由。大姐毕业后成为天主教信徒,没有经过父亲的同意就私自受了洗礼,更是不顾家人的意见要当一名修女。而二姐也信奉天主教,即使在重病去世前夕,也强烈要求受洗。父亲对于教会学校的教学质量十分认可,也不反对别人信仰宗教,但却不愿宗教思想对孩子影响太深,若是抛弃自我而沉迷其中就不好了。

开学报到时,阿季对振华女校的第一印象很差,因为这里的环境和启明女校相比只能用破破烂烂来形容。小小年纪的阿季不明白为什么一定要转校,直到后来,阿季在这里学习和生活了一段时间之后,她才体会到这里确实是一座非常好的学校。

阿季和三姐到这里报名的第一天,学校给两姐妹单独安排了入学考试,因为其他人已经开学了。考试只有一门国文,阿季看了一下,考题是《论女子解放》。阿季在启明念书的时候读过孔孟之道的古文,作文也写过,但是这等新颖的题目却是从未见过的。阿季想来想去就低声问三姐:"解放是什么?是不是就是放脚?"三姐一边把手指放在嘴边示意她不能说话,一边又点了一下头。阿季就从放脚开始写,后面又搜肠刮肚地写了写女子扎耳

第二章
金风玉露,锦瑟年华

眼。随后,两姐妹都被录取了。

入校后,学生都要进行体检,三姐竟得了沙眼,每天需要到医院治疗,也不能住校了。三姐上课没几天却因病停学,阿季只好一人入校。振华的条件不比启明,校舍破旧了一些。住进了宿舍,阿季晚上睡觉时总会听到对面床上同学的磨牙声,好多天都不能适应。教室也有些简陋,班上只有8个同学,因为房梁破旧,时有飞尘落下,有人打趣儿说,这是8个馄饨在碗里,上面撒的是胡椒面。

阿季的个子还是小小的,不像中学生,坐在前排好像小学生,因为不长个儿,总是被戏称为"老部长"。阿季也没有不高兴,脸上总是挂着笑,和小朋友们都相处得很好。

校长王季玉先生很有学问,特别喜欢阿季这个聪明伶俐的小丫头,阿季也很喜欢听她讲课。王老师耳朵不好,常戴一个助听器,阿季看着好玩,就调皮地把铅笔塞到耳朵上。王老师看到了哭笑不得,点着她的脑袋说她:"憨大。"即方言中傻瓜的意思,引得笑声满堂。

阿季虽然还是很淘气,但是却越来越爱看书。马老师教了一段《道德经》,她就全背下来。放学回家,父亲有时候也会考较孩子们的学业,父亲教了阿季一篇《左传》,阿季就自己通读了整部《左传》。阿季即便是生病不上课的时候,也是自己读书。父亲看她手不释卷,就问她:"如果不让你看书会怎么样?"阿季回答:"不好过。"父亲又问她:"一星期不让你看书会怎

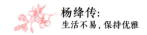

样?"阿季瞪大眼睛说:"那一星期都白活了。"父亲听到后就笑着说,他也是一样的。

　　爱读书的人,书香润身,终有所成。就像女作家毕淑敏曾经说过的:"日子一天一天地走,书要一页一页地读。清风朗月水滴石穿,一年几年一辈子地读下去。书就像微波,从内到外震荡着我们的心,徐徐地加热,精神分子的结构就改变了、成熟了,书的效力就凸显出来了。"

　　阿季作业中曾经写过一篇《斋居书怀》,老师给出了"仙童静好"的评语,还被选登在校刊上。

　　振华虽然校内环境设施不完善,但是王季玉先生请来了很多名师,还采用了很多最新版本的教科书,所以教学质量是一流的。季玉先生提倡务实、劳作,所以这里学风淳朴,即便是家里的娇小姐,到了这里也要自己动手,改掉那些奢靡习气。由于学校不大,师生之间很是亲近。

　　岁月悠悠,阿季在这里成长着。她的学习成绩一直很优秀,还将生活琐事打理得井井有条,更热心地为其他同学排忧解难。在启明和振华的学习生活中,阿季不仅学到了很多知识,更重要的是学会了如何独立自主地生活,自强、自立的坚韧品格在阿季身上初显。

第二章
金风玉露,锦瑟年华

2 振华少女

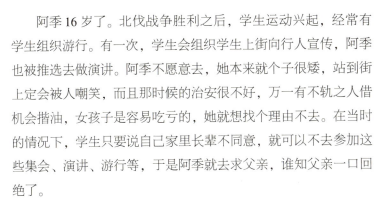

阿季16岁了。北伐战争胜利之后,学生运动兴起,经常有学生组织游行。有一次,学生会组织学生上街向行人宣传,阿季也被推选去做演讲。阿季不愿意去,她本来就个子很矮,站到街上定会被人嘲笑,而且那时候的治安很不好,万一有不轨之人借机会揩油,女孩子是容易吃亏的,她就想找个理由不去。在当时的情况下,学生只要说自己家里长辈不同意,就可以不去参加这些集会、演讲、游行等,于是阿季就去求父亲,谁知父亲一口回绝了。

父亲严肃地说:"你不肯,就别去,不用借爸爸来挡。你有理由,就可以去说,去不去就在你自己。"父亲又给阿季讲了一件自己从前的事情,让她听过之后自己决断。

从前杨荫杭在江苏任职审判厅厅长的时候,有一位张系军阀到上海,一些人为了迎合奉承这个大人物,就联名登报欢迎,杨荫杭竟然惊奇地在这份名单中看到了自己的名字,原来是有人擅自做主将他的名字填上了。既然已经见报,别人都认定了,以为此事也只能如此了。谁知道杨荫杭不是曲意逢迎之辈,更不会忍

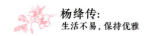

气吞声，他立刻登报否认，公开言明自己并没有欢迎之意。他的举措让各界名流哗然，时人都笑他冥顽不化、不识时务，他却不在意，认为自己决不为了利益而损害名节。他只说了一句："名与器不可以假人。"这句话的意思是说，名号与车服仪制代表着一个人的身份和尊严。

杨荫杭不仅讲了自己的亲身经历，还告诉阿季，林肯曾经说过这样一句话："Dare to say no！"翻译过来就是"敢说不！"父亲问阿季："你敢吗？"阿季想了很多，但说起来容易做起来难。

第二天，阿季一到学校就勇敢地亮明观点："我不赞成，我不去。"后来，那些去做宣传的同学中，有人得到国民党高官的青睐，被请去游园吃饭，让校长等人受惊不小，生怕还有下文。这些事实也证明阿季的抉择是非常正确的。自此，阿季更加懂得要独立思考，勇于提出不同意见，不做随波逐流、人云亦云的人。

在每个人的成长过程中，父亲的言传身教是非常重要的。杨荫杭喜欢做律师，他曾经说过，只有律师和医生这两个职业最好，他做不了医生就做律师。选择一种职业，也就是选择一种生活。从杨荫杭的经历和他的选择来看，他追求的不是体面、有钱的生活，也不是胜诉后的快感，他追求的是司法公正，他更希望伸张正义。如果是在和平年代，杨荫杭的愿望更容易实现，但是在黑暗的旧社会，做一名正直的律师是很不容易的。不管他的律师生涯如何，他教会了阿季，人一定要坚持原则，坚持独立思

第二章
金风玉露，锦瑟年华

考，不随波逐流。

在振华女校中，阿季的学习成绩很好，她用五年的时间修完了六年的课程，每年都名列前茅。1928年，阿季以第一名的成绩被东吴大学免试录取。虽然刚到振华女校的时候，她觉得这里的条件太差了，但是慢慢地就体会到了这里的好处，尤其是多年之后，当她提起这段时光，感触颇多。

振华虽然条件不好、学生少，但是师生挤在一起，像一个大家庭。振华有很多优秀的老师，教学水平非常高。阿季后来常常后悔自己年少无知，没能跟这些好老师多学一些。振华注重学生的全面发展，让她学会了很多生活的本领。最重要的是，这里离阿季的家很近，于是她在课余又有很多时间能与家人亲近。

父亲带着一家人定居于苏州庙堂巷，房子很大，花园中有很多花草、果木，孩子们常在院子里疯玩。大姐和二姐住校时间比较长，受教会学校影响很多，亲缘不深，而阿季却因在振华女中念书，在父母和兄弟姐妹的陪伴下长大，建立了很强的家庭观念。阿季的记忆深处总有这样一幅美好画面：一家子人围绕在一起，父亲、母亲和兄弟姐妹齐聚一堂。

年少时期的经历，会影响人的一生。父亲学识渊博、刚正不阿，母亲温柔贤淑、善良敦厚，阿季从父亲和母亲身上学到了很多东西。而父母恩爱更是最好的家庭教育，对她日后立人立世也有很大影响。家永远是最温暖的地方，是心灵的栖息地。在充满爱的家庭中长大的孩子，才能获得爱的力量。

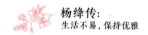

　　1928年，阿季要念大学了，她同时被南京金陵女子文理学院和苏州东吴大学录取了，这个喜讯让全家开心不已。

　　念大学是很多人的人生转折点，离开家去求学，自此以后，作为一个独立的个体去认识和探索未知的世界。几乎每个人都要经历这些，学会一个人面对一切，学会如何跟他人相处，学会怎么和这个世界相处，去成长、去蜕变。

　　阿季是几个孩子中第一个上大学的，所以父母和几位长辈都来关心，纷纷提出建议。大家都觉得在女校念书太保守闭塞，而在东吴大学，男孩子和女孩子在一起念书，思想会更为活跃，还可以多交一些朋友。于是父亲决定让阿季去读东吴大学。

　　东吴大学是苏州大学的前身，成立于1900年，是一所由教会出资创办的大学，也是第一家创办学报的大学，师资力量强大，环境很好。金秋时节，阿季入学了。

　　阿季从小淘气、爱玩，但是长大后，在面对男生的时候却又变得腼腆了。"最是看君倚淑姊，鬓似初乱颊初红"这句诗，就是阿季入学后，一位同学描写她的。老同学费孝通拿给她看，说即使是挑剔的女孩子也喜欢她。这里的"淑姊"指的是沈淑，是阿季原来在振华女校的同学，到东吴大学入学后，她们住在同一间宿舍。

　　阿季长得还是很娇小，梳个娃娃头，皮肤白里透红，在东吴大学，被同学称为"洋囡囡"，一方面因为她像个洋娃娃，另一方面也是因为她姓杨。阿季刚开始觉得不自在，后来见同学们并

第二章
金风玉露,锦瑟年华

无恶意,也就接受了。阿季很快适应了东吴大学的生活,她不太参与闲谈,也没有接受过哪个男孩子的示好。男同学们都夸她有"五好":相貌好、年龄小、功课好、身体好、家境好。

阿季从一个懵懂的女孩,一日一日地蜕变成一位知书达理的大姑娘。花儿般的少女,在青春里洋溢着成长的芬芳。命运的罗盘开始转动,精彩的人生才刚刚开始。

3 东吴大学

每个人年少的时候,都有一些朋友,在那些无法复制的时光中,在那些已经消失的岁月中,给了你平凡的快乐,那些快乐会在记忆中扎根,成为宝贵的财富。

周芬是阿季在东吴大学认识的朋友,和启明的朱书清、振华的蒋恩钿一样,都是她非常要好的朋友。周芬毕业于苏州女中,成绩优秀,擅长演讲,与阿季不同的是,她的个子很高挑。两个小姑娘志同道合,非常投缘,一高一矮凑在一起总是有说不完的话。

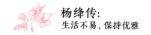

东吴大学比较重视学生的全面发展，课外活动很多，内容也五花八门。阿季参加过排球队，和队友们一起训练、一起打比赛。在一次和临校的比赛中，阿季还打出过漂亮的一球，赢得关键的一分，当时全场都为她鼓掌欢呼，那个场景让阿季记了好多年，后来每当看到电视上有排球赛的时候就会想起。

有段时间，阿季迷上了音乐，好友周芬擅长吹笙，阿季和沈淑就各买了一支一模一样的九节紫竹箫，三个人常常一起合奏，曾经参加过东吴大学民乐队组织的大型演出。阿季很聪明，学什么会什么，后来还自学了月琴。

有一次，阿季发现父亲竟然会唱昆曲，也要学。父亲原本只是业余研究着，见阿季想学，于是请了一位拍曲先生。一大家子人，感兴趣的就都凑上来一起听了一节课，结果先生来上第二课的时候，大家都忘光了，唯独阿季，先生讲的都记得。阿季学得快，父亲也十分高兴。

东吴大学有外国籍的学生，陶乐珊·斯奈尔是一位美国姑娘，与阿季同岁。两个小姑娘都是爱玩爱笑的性格，上课常常坐在一起，脾性相投，渐渐地就成了好朋友。有一次上课的时候，两个小姑娘玩小球被老师发现了，就点名阿季回答问题，偏偏阿季全都答上了，老师的火也没发出来。陶乐珊的父亲是一名外科医生，陶乐珊曾经带着阿季到医院一起去看父亲为病人做手术，两个小姑娘偷偷换上护士服，混进手术室观摩。幸好都是胆子大的，但是阿季回家后有半个月都不想吃肉。

第二章
金风玉露，锦瑟年华

东吴大学有两个专业是全国闻名的：医学预科和法学预科。考入医学预科的学生，毕业合格后可以直接进入北京协和医学院，而从法学预科毕业的可以直升东吴大学上海校区读法学。

阿季起初想学护士，但是父亲说做医生更好一些。可阿季想起来和陶乐珊去医院看手术的事，觉得不成。那么，就去学法科？但父亲因为自己对律师行当太熟悉，认为阿季的性格也不适合做一个女律师，最终作罢。父亲对阿季说，要选择自己真正喜欢的事情做，喜欢什么就学习什么。阿季有一个开明的好父亲，不将任何思想强加在女儿身上，他是真的爱护阿季，并且给了女儿足够的自由与尊重。

阿季经过独立认真的思考，觉得自己最喜欢的是文学，但是当时东吴大学并没有这一科，所以她只能课余泡在图书馆书库中找乐趣。即使是回家了，她也坚持夜读，古今中外的文学作品都有涉猎，经典书籍都被她翻了个遍。那时候，读书就是她最爱做的事情。

阿季的男生朋友不多，费孝通是她在振华念书时的同班同学，因此较为熟悉。到东吴大学之后两人也常常来往，讨论学业上的问题。费孝通也爱读书，常常介绍西方的新书给阿季。

阿季的悟性很高，不是死读书、硬读书的人，从来没有做过什么考前突击，上课也边玩边听。对她来说，念书是很轻松的事情，如果用现代的话来说，她就是那种学霸型的女生。大学三年的成绩，她每年都是一等。因为她的中英文都非常好，被同学们

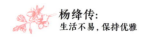

称为班上的"笔杆子"。

一次考试中,有一道题目问的是《枯树赋》的作者,很多同学都没有答出来,因为教材中没有,唯有阿季答对了,她曾经在父亲书橱中读到过。可见,读书者经过日积月累的积淀,必然会知常人所不知,成为人中翘楚。

女孩子长大了,都是爱打扮的,偏偏阿季没有这根弦儿。在当时,有很多女同学早上出门前都要打扮很久,餐后也要再洗洗脸、补补粉。可是阿季呢,每天除去日常清洁,根本都不多照镜子。更让人慨叹的是,常常和阿季在一起的好朋友们,也都是一个性子,果然是人以群分啊。阿季、周芬和沈淑三人还曾经一起约定,在别的女孩子装扮的时候,她们就练字。她们从1930年开始坚持,三姐妹的字都写得非常好。

阿季在东吴大学的时候没有谈恋爱。也许是性格使然,她就像是个没长大的孩子。曾经有个男同学装作喝醉了,当面给她一封信,她却回答说:"你是不是喝醉了?信还给你吧。"男生只好无奈地收回信。

1930年,阿季的好姐妹蒋恩钿来信,劝说阿季转到清华大学去念书。较之蒋恩钿,阿季还真是运气不佳。当年阿季在振华女校成绩优秀,用五年时间就修完了六年的课程,提早一年毕业,进了东吴大学,而后一年毕业的蒋恩钿,则幸运地赶上了清华大学来上海招生。如果阿季不是提早毕业,就也能考清华了。蒋恩钿说动了阿季,于是暑假期间,阿季就报考了清华,当时已

第二章
金风玉露，锦瑟年华

经领到了准考证。可惜事与愿违，平地生波。

阿季的弟弟宝昌得了脑膜炎，加上本就患有肺结核，突然病重了，阿季和母亲、姐姐们轮班照顾弟弟，最后弟弟还是去了。弟弟去世的那一天，正好是清华大学招生考试的日子，阿季又错过了一次上清华的机会。

也是在这一年，阿季在振华女校的恩师王季玉校长，为她申请到了宝贵的留学名额，是美国非常有名的女校卫斯理大学，只要申请到奖学金就不需要自己交学费，只需个人出路费和生活费。这是一个非常好的机会，父亲和母亲都同意了，但阿季再三考虑，还是没有去。一则，她不想家里再增加经济负担，父亲一个人养活一大家子人不易，阿季心疼父亲太辛苦；二则，到卫斯理是学习政治学，不如在国内学自己喜欢的文学。

最后，她把自己的决定告诉了父亲：不出国，去清华大学学文学，即便现在去不了，以后也希望能去看看。

年轻的心，一往无前，要学文学，便投身文学。今天的人很少有这种气魄了，瞻前顾后、得一想二的人多。阿季在父亲的影响下，很小便开始自己做决断，是个心性坚毅的人。

4 清华初遇

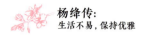

历史的巨轮在前进，不会因谁而停息。在那个动荡的年代中，无数人立志救亡图存，为中华之复兴而挥洒青春和热血，象牙塔中也不例外。

1931年，九一八事变，日军开始侵略中国，东北沦陷了。因为国民党政府实行不抵抗政策，学生纷纷去南京请愿，东吴大学也有很多学生在蒋纬国的带领下前往。阿季不愿意掺和政治，就没有去。恰逢华北地区遭受水灾，阿季便号召大家为受灾群众捐款捐物，领头写了信，又和同学们一起买了棉花和布匹，为灾区人民做衣服。

东吴大学是一所比较淡化政治的民办大学，但还是很难不卷入政治热潮的漩涡中。

1931年底，阿季要上大学四年级了，时局却越来越不稳定，学生的心也跟着躁动起来，有闹学潮的，有罢考的。政府出面接手学校，强势地隔离了学校，不准学生上课、上图书馆，也不准离校……学校内还有人专门巡查，电话线都扯断了，完全杜绝了学生与外界联系。

第二章
金风玉露，锦瑟年华

阿季的恩师王季玉先生得知东吴大学的情况后，立刻通知阿季的家人，让阿季的母亲赶快想办法把阿季接回家。当时虽然已经不准学生离校，但是家长还是可以进去看孩子的，阿季见了母亲，万分高兴，但是却不愿意丢下好友周芬，而且出门的时候，她也可能被门卫拦下来。

阿季灵机一动，想到了一个好办法，两个人把书册等东西都收拾好之后，让母亲坐黄包车一起带走。而她们两个人什么都不拿，在下午四点钟的时候溜出去，那个时间有很多学生遛弯的，应该没人注意。因为人和东西分批走，所以没有引起别人的注意，两个小姑娘算是成功地逃离了。她们走后，学校就戒严了，再没人成功跑出来。

自此，阿季就离开了这所大学。

1932年，阿季看东吴大学一直没有开课，为了不耽误学业，就想到其他大学借读。年初的时候，好友孙令衔帮着把借读的事情联系好了，阿季就与父亲说要北上。

时局动荡，父亲不放心女孩子远走，就提出让她约上男女同学各三人同行才可。阿季果然成功约上好友一起走，女生有周芬和张令仪，男生有孙令衔、沈福彭和徐献瑜。不过，张令仪在最后时刻改变了主意，不去了。

1932年2月，阿季和好友一行五人出发，先由苏州坐火车到南京，再坐船渡过长江，然后继续坐火车到北平。2月27日晚，几个人终于到了，老友费孝通已经在火车站等他们了。

踏过未名湖畔，阿季借住在燕京大学女生宿舍，他们五人还需要通过考试才能正式入学。考试之后，阿季就迫不及待地要去看好朋友蒋恩钿，孙令衔也要去清华，因为他有一位表兄在那儿念书，于是二人结伴同行。到了清华，孙令衔去找他的表兄，阿季就到女生宿舍古月堂去找蒋恩钿，两个姑娘见面后高兴极了。蒋恩钿得知阿季要借读燕京大学后，就问为什么不来清华借读，阿季说借读的事情都是孙令衔帮着几个同学一起办的。蒋恩钿还是不放弃，一直游说阿季来和她一起念清华。阿季一直是想上清华的，但是无可奈何两度失之交臂，所以对蒋恩钿说的她也很动心。

晚上，孙令衔来古月堂找阿季同回燕京大学，阿季见到了孙令衔的表兄钱锺书。"这是杨季康。这是钱锺书。"孙令衔简单地为双方作了介绍。未曾想，惊鸿一瞥，两心相吸，竟一世相随，也许这就是缘分来了。

多年后，钱锺书曾经写过一首诗，记下他第一次见到阿季时的感受："缬眼容光忆旧初，蔷薇新瓣浸醍醐。不知靧洗儿时面，曾取红花和雪无。"阿季面色红润，笑靥如花，一见面就虏获了才子的心。阿季也在文章中写过对钱锺书的第一印象："初次见到他，只见他身穿青布大褂，脚踏毛底布鞋，戴一副老式眼镜，满身儒雅气质。"

古月堂前，不知有多少才子佳人成就了好姻缘，这里也是杨绛与钱锺书的故事开始的地方，多年以后他们依然会时常想起此

第二章
金风玉露，锦瑟年华

时、此景。

燕京大学的考试成绩很快出来了，一起北上的五个人全部都通过了考试。阿季在蒋恩钿的劝说下转而借读清华，其余四个人都就读燕大了。阿季邀约周芬一起北上，自己却念了清华，将她一个女生留在燕京大学，始终觉得过意不去，但是好在周芬不计较，她学习刻苦，性格也很好，在燕京大学过得很开心。

在蒋恩钿的全程帮助下，阿季办理好了借读清华的手续，阿季顺利地开始了在清华的学习生活。

自从那天晚上在古月堂前匆匆相见，钱锺书和阿季就对彼此念念不忘，不约而同地打听对方，打听的对象也只有孙令衔了。孙令衔听钱锺书打听阿季，就明白这是上心了，但是孙令衔的至交好友费孝通也喜欢阿季，所以在钱锺书问起阿季的时候，就说她有男朋友了，男朋友指的就是费孝通。当阿季跟他问起钱锺书的时候，他也说钱锺书已经订婚了。

其实孙令衔说的，也不是子虚乌有的事情。因为钱锺书确实有一叶姓未婚妻，是家中长辈做主的，只是他本人不同意。而费孝通呢，他喜欢阿季是一厢情愿的事，阿季一直只当他是朋友。

缘分真是一个奇妙的东西，阿季不远万里来到清华，也许是注定要与钱锺书相遇、相识，连一句话都没有说，只是看了一眼，就好似姻缘天定。人的一生，要有多少幸运，才能不早不晚，在时间刚刚好的时候遇见相伴一生的人。"金风玉露一相逢，便胜却人间无数"。

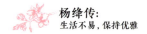

虽然有孙令衔的阻挠,但是钱锺书并没有放弃,他是个性格执拗的人,坚持要和阿季见面说一说,就坦诚地写信约了阿季。这一次见面,钱锺书心中既忐忑又着急,看到阿季后立即张口声明:"我没有订婚!"阿季本来紧张得不行,听到这么直白的一句话就明白了,笑着回了一句:"我也没有男朋友。"一见倾心,再见钟情,刚好男未婚、女未嫁,在一起方不负大好年华。

从烟雨迷蒙的南国水乡,到落雪缤纷的北国之地,阿季走过了千山万水,旷世情缘从金风玉露的相逢开始。1932年,阿季成为清华大学的借读生,在她心之所向的理想学府里读书,还遇见了她的真命天子,北上之行是如此的美好。

第三章 学海无涯,比翼双飞

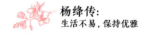

1 旷世情缘

人总会经历这样一个时期,周围的一切都仿佛失去了声音,淡化成了背景,只能听见眼前这个人的声音,只能看见意中人的风采。

两个爱读书的人走到一起,谈情说爱也与别人不同。他们没有什么花前月下,只有严谨的学术探讨。初时,两个人就互相推介好书。阿季给钱锺书介绍了一本 *Out-witting Our Nerves*,钱锺书给阿季介绍了一本 *Time and Free Will*,并分享各自的读书心得。两个人通信频繁。

随着感情的升温,钱锺书写给阿季的信越来越多,他有太多话想和阿季说,后来几乎是一天一封,无论大事小情都想和阿季说一说。钱锺书说:"我的志气不大,只想奉献一生,做做学问。"阿季听了深以为然,这个志向不大,却也不小了。两个人喜欢去人少的地方散步,他们去过气象台爬石阶,那里人不多,可以聊一会儿最近看的书。相处久了,他们才有点情侣的样子。

第三章
学海无涯，比翼双飞

"桃夭李粲逞娉婷，拥立苍官似列屏。花罅蜂喧方引睡，松颠鹊语忽喷醒。童心欲竞湖波活，衰鬓难随野草青。共试中年腰脚在，更穷胜赏上山亭。"这首诗是钱锺书在两个人外出同游时所作，描写了游玩所见的美景，并表达要珍惜当下、珍惜这段两个人同游的好时光。

阿季在清华借读的日子过得飞快，虽然功课很多，但是却很开心。1932 年 7 月，阿季在清华大学完成大四的学业，顺利结业。

大学的学业完成后，钱锺书劝阿季留校补习两个月，这样就可以继续考清华大学的研究院。这时的钱锺书希望两个人能先订婚，但是阿季却不想这么早结婚，而且她认为考清华的研究生不是两个月的事情，毕竟要把清华本科四年的文学课都补上，只能补完再考，所以没有答应钱锺书。

阿季要回苏州了，钱锺书十分不舍得。颐和园西边有一座玉泉山，阿季离开北京之前和钱锺书一起去过。"欲息人天籁，都沉车马音。风铃呅忽语，午塔闲无阴。久坐槛生暖，忘言意转深。明朝即长路，惜取此时心。"从钱锺书这首诗中，可以看到他们在一起时是闲适愉悦的，让人体会到他在临别之际对阿季的不舍和祝福。

阿季回到苏州之后，一位上海的亲戚为她找了一份小学教员的工作，每个月能拿 120 元的薪水，这在当地被称为"金饭碗"，人人羡慕。对于自己的第一份工作，阿季记忆深刻，多年之后她

还能记得学校的校歌,因为每天老师都要带着学生一起唱。阿季认真执教,虚心向同事学习,拿到薪水后,还捐过水灾救济金。

不久,阿季因为注射疫苗而引发荨麻疹,浑身上下长满了风疹块,脸上眼睛和嘴唇都肿了。正好放假回苏州,父亲母亲看到了立刻心疼得很,让她赶快把工作交给别人,然后回家养着。病来得快,养好却很慢,幸好有钱锺书的信,才让病中的日子不那么难熬。阿季病好了,一家人也终于放下心来。

年少的时候,喜欢上一个人,就要敢于去争取,才不给自己留下遗憾。钱锺书与杨绛在最美好的年华相遇,这是一生相伴的完美起点。虽然当时他们并没有互诉爱慕之心,却已心有灵犀,自此常有鸿雁传书、黄昏漫步,止乎于礼。

阿季在钱锺书的书信攻略下,终于鼓起勇气把自己和钱锺书的事情跟父母说了,并叫钱锺书来见见父母。1933年,钱锺书在寒假时来苏州拜访。第一次见未来岳父,他对岳父的印象是"望之俨然,接之也温",意思是说远望着觉得特别庄重,接近了便感觉待人温和。

阿季的父亲见过钱锺书后,只说了一句:"人是高明的。"杨家的几个女婿都是高学历,还有留过洋的,不是在大学当教授,就是在政府部门当官,而钱锺书却是一个前途渺茫的学生,且家世一般。阿季心里明白父亲没有出口的担忧,钱锺书只是有才,女儿一辈子的托付,他不能不慎重,所以没有说太多。

毛头小子钱锺书在得知阿季父亲的评语"人是高明的"之

第三章
学海无涯，比翼双飞

后，觉得事不宜迟，立刻回家和自己父亲商量向杨家提亲的事情，连媒人都找好了。杨父突然接到钱氏父子的正式提亲，还以为是阿季自己和钱锺书商量好的呢，也就尊重女儿的选择了。两个自由恋爱的人，最后还是依据"父母之命，媒妁之言"的老规矩订婚了。

1933年夏天，钱锺书的父亲带着儿子亲自上门求亲，随后就在苏州办了订婚仪式，两个人的关系终于确定了下来。钱锺书的父亲钱基博先生之前并没有见过阿季，但是在两个人通信期间就已经知道了，而且还看过阿季写给钱锺书的信，正巧那封信上写的是："现在吾两人快活无用，须两家父母兄弟皆大欢喜，吾两人之快乐乃彻始彻终不受障碍。"自此，钱父对阿季的印象很好。

不同于毛头小子钱锺书外露的喜笑开怀，阿季对于两个人的订婚还有点茫然，后来提起的时候笑说："茫然不记得'婚'是怎么'订'的，只知道从此我就是默存的'未婚妻'了。"

好事多磨，订婚之后两个人都很高兴，但是却不能朝夕相处。

学业方面，钱锺书想报考中英庚款公费留学生考试，因要求报考者有两年工作经验，于是便去应聘上海光华大学的外文系讲师之职。上海光华大学就是后来的华东师范大学，钱锺书入职当英语讲师的时候，其父钱老先生也在同一所学校任教，父子同校一时之间传为佳话。

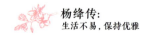

阿季想去清华大学的外国语言文学部读研究生，因此终日苦读。钱锺书也一直在不遗余力地督促阿季学习，作为前辈，他还指导她学习外文系的课程。学习和考试对于阿季来说都不是难事，从小她就很擅长。终于如愿考上，总算是皆大欢喜。

只是可惜的是，两个人刚刚订婚，就要分离了。一个在南，一个在北，短暂的分离将是一个考验，也会酝酿出更醇厚的感情，两个人一起体会那份相思之情，一起期待着那美好的重逢，也会更加珍惜彼此。从大才子的情诗中，可以看到旧时光里的浪漫，感受到他对阿季的思念之情。

"缠绵悱恻好文章，粉恋香凄足断肠。答报情痴无别物，辛酸一把泪千行。依穰小妹剧关心，鬈瓣多情一往深。别后经时无只字，居然惜墨抵兼金。良宵苦被睡相谩，猎猎风声测测寒。如此星辰如此月，与谁指点与谁看？困人节气奈何天，泥煞衾函梦不圆。苦雨泼寒宵似水，百虫声里怯孤眠。"

这首《壬申年秋杪杂诗》，后来被刊登到《国风》上，很受推崇。作为文人，钱锺书用他自己的方式表达爱慕之情。那万缕情思，在笔尖辗转，化作了美丽的情诗。打动人心的情诗，必然是灌注了真情实感的；流传久远的情诗，必然是文学造诣极高的。

第三章
学海无涯，比翼双飞

2 岁月如歌

1933年，阿季再次走进清华大学的校门，从借读生到研究生，阿季内心无比的高兴。

女生宿舍楼是新盖的，研究生住单间，阿季在三楼挑了一间朝向西北的屋子，推开窗子就可以看到西山的青山绿草，景色很美。阿季喜欢大自然的美景，但是很可惜，她太不了解北方的冬天了。入冬后，狂风肆虐，黄沙漫天，钻过窗棂的缝隙，弄得屋子里处处都是土。美景没见到，灰土倒是不少。阿季被吓得跑到隔壁赵萝蕤的屋子里，两人做伴才好一点。

清华大学创始于1911年，研究院更是举国闻名，这里名师云集，教育水平极高。阿季进入研究生院时，王文显先生是外文系教授兼系主任。阿季选修了梁宗岱先生的"法国文学"、翟孟生先生的"欧洲文学史"、吴宓先生的"中西诗比较"、朱自清先生的"散文"和吴可读先生的"英国小说"，学习非常认真。在研究院的同学，大都是外文系本科毕业考进来的，还有一些更优秀的是保送进来的，而阿季在本科的时候却是学政治的，因此总担心跟不上大家，便加倍努力学习。

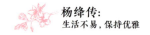
杨绛传：
生活不易，保持优雅

王文显先生曾在英国学习多年，受到英国教育的影响，不仅对英文的掌握融会贯通，对西洋戏剧更有着深刻的研究，他的教育和指导对杨绛后来的戏剧创作有深刻的影响。"他讲的英文太好了，不但纯熟流利，而且出言文雅，音色也好！"这是上过王老师课的同学们都公认的评价，大家都爱听他讲英国文学。

梁宗岱先生的大名在文人中广为流传，他精通英语、法语、德语和意大利语，世界文学史上的很多著作都是在他的带动下翻译出来的，莎士比亚、里尔克、歌德、瓦雷里等世界文学大师能够得到国人到推崇，也有他的译介之功。

梁宗岱先生教"法国文学"时，去上课的约有30名学生。第一堂课梁先生就考听写，想看一下大家的水平。梁先生看完大家的卷子，喊了一声"杨季康"，把阿季吓了一大跳，原来阿季的卷子得了满分。梁先生问她的法文是在哪里学的，听到是自学的之后，梁先生更高兴了，因为他也是自学的。梁先生很欣赏阿季，上课的时候，常常叫阿季起来回答问题，即使别人答不上来，阿季也总能答出来。阿季对于语言很有灵性，给梁先生留下了很深的印象，多年后再相见，梁先生还称赞阿季是"班上最好的学生"。

吴宓先生学贯中西，他的"中西诗比较"课程非常精彩，忏情诗、落花诗和空轩诗都很有深度。经过一段时间的学习，吴先生对阿季很满意，一次看过她的作业后，对她说，不用每次课都来听，但是要保证每周交上两篇诗。阿季得到了老师的认可，

第三章
学海无涯，比翼双飞

非常高兴，但是仍旧次次不落地去听课。

吴宓先生性格率真，阿季就说，吴先生"老实得可怜"。曾有一次，在吴先生刚刚出版了《诗集》不久，有一位同学调皮地拿着吴先生的诗来套话，聊诗的创作由来种种，偏偏吴先生傻乎乎地都说出来了，就连自己意中人的小名都被套了出来。吴先生发现暴露了也不生气，伸伸舌头、耸耸肩，丝毫不介意自己的事情被大家当成茶余饭后的谈资，这大概就是学者的"傻"气吧。

吴宓先生在讲"翻译术"的时候，非常重视理论和实践的结合，在日常学习中经常考查学生们的实际翻译能力，这也为将来杨绛能够从事翻译工作奠定了坚实的基础。

吴宓先生过去曾教过钱锺书，钱锺书毕业之后有什么问题，还会找这位老师解惑。如果从吴老师这边论起，阿季算是钱锺书的师妹，借着"师兄妹"和"未婚夫妻"的便利，阿季经常帮钱锺书带信或者条子给吴老师。

朱自清先生的"散文"课上，每个学生的作业就是写散文，如果看到好的作业，他就会让作者当众朗读，共同分享和交流。阿季没有当众朗读过，但是曾有一篇文章被朱先生投给出版社发表了。那篇文章名为《收脚印》，朱先生看过后就对阿季说："这篇文章可以发表，我给你拿去投稿。"但是阿季盼了几个月也没有消息，就忘到脑后了。没想到，文章刊登在《大公报·文艺副刊》上，阿季收到了5元钱稿费，她高兴得要上天了。有了

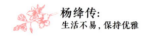

钱,阿季第一个想到的就是母亲,她花4元钱买了红毛线,给母亲织了一条围巾,又买了一罐咖啡糖,包在一起邮回家了。

《收脚印》是阿季的处女作,以较为成熟的笔触表现出对社会生活的感触,意蕴深厚。后来收录在1994年出版的《杨绛散文》中。杨绛还在附记中写了文章的创作始末。

叶公超先生是钱锺书的老师,阿季没有选叶先生的课,但是也得过他的教导。起因是叶先生听说自己的书呆子学生钱锺书有未婚妻了,并且还在学院里读研究生,于是非常好奇,想见一见,就让自己的学生赵萝蕤把她叫来。赵萝蕤是钱锺书同学,和阿季也是认识的。阿季听闻叶先生想要见一见自己,非常忐忑,等见到叶先生才发现是自己多虑了。

叶先生和阿季聊了一会儿,发现阿季英文不错,就随手拿出一篇文章让她回去试着翻译一下。文章题目是《共产主义是不可避免的吗?》,属于政论方面的题材,阿季不擅长,但是通过翻词典也都完成了。当她把翻译好的稿子拿给叶先生的时候,得到了先生的赞扬。原以为这件事情就过去了,没想到还有后话。叶先生是真的觉得这篇稿子翻译得非常好,于是把稿子拿到《新月》刊物上发表了,在当时来说的确是一件好事,但在"文革"时期却险些给她带来困扰。

1934年,阿季选了温德(Robert Winter)先生的"法国文学"课。兴趣是最好的学习动力,阿季对法国文学的兴趣与日俱增,她在课余时间就去清华图书馆找书,找到很多法国文学作

第三章
学海无涯,比翼双飞

品,一本一本地认真品读。阿季曾说,在很多学校念过书,最爱的是清华大学,而在清华,最爱的是图书馆。作为图书馆的常客,阿季还专门写过一篇《我爱清华图书馆》,字里行间都透着一股对图书馆的喜爱劲儿,像是恨不得住在那里。她把看书比作"串门儿",到图书馆看书就好像随便出入千家万户,其中乐趣只有经历过的人才知道。

一学期过去了,阿季因成绩优异获得了30元的奖学金,交上10元学费后,还有20元可作生活费,她可以自给自足了。能为家里减轻负担,阿季十分高兴,自此之后的每个学期,阿季都通过努力得到了奖学金。

青葱岁月,与世无争,一心只读圣贤之书。在清华的日子,阿季如鱼得水,在知识的海洋中畅游。人的一生,也只有在学校的日子里,才是最快活的。

3 佳偶天成

民国时期,有太多才子佳人的故事,就像徐志摩与陆小曼、

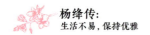

胡适与江冬秀等,多少爱恨纠葛,让时人津津乐道。而钱锺书与杨绛,没有那么多风花雪月,有的只是相濡以沫、夫唱妇随,可恰恰是这种平淡又不平凡的生活,让世界为之动容。无数人羡慕这对学者伉俪,赞一声佳偶天成,叹一声再难见。

1935年,钱锺书在光华大学工作满两年,可以参加出国留学的考试了。因为是公费留学,机会难得,报考人数达将近300人,最后只有24人录取。在这24名幸运儿中,就有钱锺书。他是这一批留学生中唯一专攻英国文学的,考了87.95分,分数高出其他人一大截,还得到了主考官——中英庚款董事会董事长朱家骅的赏识。据说,有考生听说钱锺书要报考英国文学专业,就放弃了,可见钱锺书在文学界已经颇有才名。

钱锺书要出国留学,舍不得离开阿季,自然就希望和阿季结婚,一起去英国留学。阿季曾经放弃过一次留学的机会,当这个机会摆在眼前的时候,她却是犹豫的。这一次她可以选择学习自己喜欢的文学专业,但一想到要离开家,她心有不舍。她的父母亲知道后,表示支持女儿去留学。

阿季在清华大学还有一年的学业,为了能够和钱锺书在一起,她决定念完这学期就办休学,自费留学。放弃学业,远离亲人,义无反顾地陪另一个人走,这需要很大的勇气,只因为爱。

阿季这学期有两门课需考试,一门是温德先生的"纪德研究",另一门是朱自清先生的"散文",和两位老师谈过后,温德先生就让她写一篇《读纪德心得》,朱先生让她写一篇小说。

第三章
学海无涯，比翼双飞

阿季先写了一篇《璐璐，不用愁!》，取材于女学生的故事。阿季文笔朴实，但是人物刻画却入木三分，故事读罢让人唏嘘不已。小说中的璐璐是一个正值青春的女大学生，对爱情有着美好的憧憬。璐璐遇到了两个让她心动的男孩，一个是小王，家境好、脾气好，但是却个子不高、长相一般；另一个是汤宓，家境不好、脾气不好，却非常英俊。阿季将璐璐在两个男孩子之间的犹豫刻画得非常细腻。

璐璐面对两个男孩子的追求，内心很愉悦，但是又有点举棋不定，矜持着左右为难。这几乎是每个妙龄女子都会遇到的选择问题，也是人生大事。选择一个人，几乎等同于选择一种生活。选择小王，那么生活中就不用发愁钱的问题了，可是她真的喜欢汤帅哥。"璐璐最爱他的眼睛，会说话；也最怕他的眼睛，能发出冷刺来直刺到她到心上。"杨绛把璐璐给写活了，读者仿佛能看到一个妙龄少女正为爱发愁。

璐璐的家境还不错，父亲做个小官，母亲是典型的官太太。母亲希望她嫁给小王，衣食无忧，而父亲比较开明，对她说要从心而选。璐璐在母亲的劝说下，决定选择小王。就在璐璐拒绝了汤宓之后，却发现小王和他的表妹准备订婚了。原来，在她内心百般纠结的时候，小王决定放弃了，毕竟爱情是不会一直在原地等着的。璐璐如坠冰窟。

璐璐只是一个年轻的女孩子，遇到的只是很多人会遇到的问题，选择没有什么对错。故事的结局是她拿到了免费留学美国的

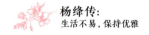

名额。有人说璐璐这个角色有作者的影子，因为阿季也面临过费孝通和钱锺书两个人的追求。其实无论是或者不是，都不重要，文学作品是反映现实的，但毕竟不是现实。

这篇文章得到了朱自清先生很高的评价，还帮她投到《大公报·文艺副刊》并公开发表了。后来，林徽因整编《大公报丛刊小说选》的时候，收录了这篇文章，将题目精简为《璐璐》。那时候阿季都到国外了，15元稿费寄到家里，姐妹们就替阿季帮爸爸买了一套新衣服。

《读纪德心得》需要用英文写作，是阿季回家后写的，需要邮给温德先生。可惜的是，钱锺书帮她寄信的时候竟然写错了收件人，温德先生没有收到，阿季自然就没得到学分。

阿季回家的时候，走得很急，没有时间写信通知家里，急匆匆地就上车出发了。这一年已经有轮渡过江，不需舟车换转，阿季上车后可直达苏州。阿季大约是在正午到达苏州，等待托运的箱子、铺盖后，于下午三点多钟到家。

这一天，父亲正在家中午睡，恍惚间感觉好像是阿季回来了，张开眼，又听了听，没什么动静。父亲起身问堂屋中的母亲："阿季呢？"母亲奇怪地说："哪来的阿季？"父亲接着问："她不是回来了么？"母亲笑着说："这会儿怎么会回来？"父亲只好回内室继续睡午觉，想着阿季却睡不着了。

阿季取了行李，飞奔回家，还没进门就开始叫人。父亲听到声音，起床就说："可不是回来了吗！"父女俩真真是心有灵犀

第三章
学海无涯，比翼双飞

呀。父亲和阿季说了刚才的事情，还说："曾母啮指，曾子心痛，我现在相信了。"也许这就是第六感吧。

这次回家，也许因为待嫁，阿季十分黏父亲。她感觉到父亲在日渐衰老，父亲在此前的一次开庭时突然失声，虽然短暂的几天就调养好了，但是大家都不放心他的身体。

开始准备婚礼和留学的事情了，为了赶在出国之前结婚，两家商量把婚期定在夏天。

按照习俗，结婚前两天，要摆"小姐宴"，也有称"离娘饭"的，待嫁女的姐妹、女亲戚、女朋友等一起来给她送别，这是离别宴席，父母亲都参加。到了这一天，姐妹们都忙着帮忙招呼来的亲戚、朋友，父母在里屋没有出来，大家都说说笑笑的，但是又透着一点伤感，毕竟是出嫁，伤感是难免的。做姑娘的日子就要结束了，阿季的内心满怀期待又带着一丝酸楚，想到以后就要嫁去钱家，离开最爱的爸爸妈妈，十分不舍。

杨绛与钱锺书的婚礼仪式分两场：杨家新式，钱家旧式。

1935年7月13日（阴历六月十三日），苏州庙堂巷杨家张灯结彩，举行婚礼。

父亲主婚，请张一麐先生证婚，七妹妹和孙令衔分别是伴娘、伴郎，后边是一对漂亮的花童，提着花篮跟着新人，旁边还有乐队在演奏《结婚进行曲》。宾朋满座，有摄影师在拍照，一片典雅的音乐声中，新人身着礼服，躬身行礼，交换戒指，在结婚证上盖章。至此，礼成。

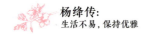

杨绛传：
生活不易，保持优雅

杨家的喜宴结束后，两个人立刻动身去无锡七尺场钱家，出国的行李也一起带过去了，钱家那边还有一场旧式婚礼在等着他们。

钱锺书带着杨绛抵达无锡钱家，爆竹声声迎新人。进门后，钱锺书和杨绛向父母高堂行跪叩之礼。对于跪拜的旧礼，杨绛的父亲是不喜的。杨绛觉得这和鞠躬没有什么区别，都是礼节而已，用什么形式都一样。

钱锺书的父亲非常看重儿媳妇，特意将自己珍藏多年的古董铜猪符送给她。猪是财富和福气的象征，这件礼物的意思是希望他们好好成家立业，过上富足的生活。

拜完长辈，就到祠堂祭祖，再去厨房拜灶神。晚上，家中摆喜酒请客，一直闹到很晚。

阿季和钱锺书从相识、相爱到订婚、成婚，一路走来，他们的生活轨迹终于走到了一处。从这一天开始，阿季成为钱锺书的妻子。执子之手，与子偕老，从此不论人生路上有多少艰难险阻，他们将携手同行、比翼双飞。

多年之后，杨绛读到一段文字，念给钱锺书听："在遇到她之前，我从未想过结婚的事，和她在一起这么多年，从未后悔过娶她做妻子，也从未想过娶别的女人。"这是一位英国传记作家概括的理想婚姻。钱锺书听后，立即说："我和他一样。"杨绛也笑着应和，说："我也一样。"

第三章
学海无涯,比翼双飞

4 远赴英伦

路漫漫其修远兮,吾将上下而求索。钱锺书和杨绛一起踏上征程,带着对知识的渴求,带着对未来的憧憬,他们离开了祖国家乡。海角天涯,他们将携手同行。

1935年8月13日,杨绛与钱锺书从上海启程,远赴英国。三姐闰康来送行,毕竟是去大洋彼岸,这一别就不知何时才能再见。钱锺书的师友温源宁和邵洵美也来送行,依依惜别。起航的号角声响起,轮船慢慢地驶出港口。

后来,杨绛曾经在文章中写道:"锺书不足25岁,我24岁略欠几天,我们结了婚同到英国牛津求学。我们离家远出,不复在父母庇荫之下,都有点战战兢兢;但两人做伴,可相依为命。"

钱锺书是公费出国留学,根据规定是不能携带家眷的,所以杨绛陪行是自费出国。登上P&O公司的邮轮后,杨绛和另外两个女同学分到一个舱,与钱锺书虽然同船却不同舱。杨绛小时候坐过海船,而钱锺书却是第一次坐,在船上看什么都稀奇,碰到飓风天,他还兴致勃勃地牵着杨绛的手跑到甲板上看。

船至香港,他们吃到港式烧卖、小笼包;船过新加坡,有英

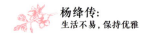

国专员接待留学生,他们在那里看到了海陆两栖飞机;还有斯里兰卡的科伦坡,在那里他们参观了印度教的蛇庙,庙里边到处都是大大小小的蛇,阴森可怕,两个人被吓得落荒而逃,出来后又哈哈大笑。两个人像在度蜜月一样,每天都开开心心的,周围的人也都知道他们是新婚。

海上行船,有时风平浪静,有时暴风骤雨。在船上,杨绛第一次看到了海葬,有人将死者投入海中。

有人说,旅行是最能够检验两个人是否适合结婚的。因为在旅行的奔波劳累中,人的本性、缺点会被完全暴露出来。海上的日子是枯燥的,但是钱锺书和杨绛两个人新婚蜜月,并不觉得旅程漫长,反而很开心能够一起吹海风、看日出日落,他们在一起有说不完的话和聊不完的书。这就是他们初次一起旅行的状态,日后也成为他们的婚姻生活相处之道。

当然,他们也第一次经历了吵架,说来也是让人发笑,学者夫妻吵架也是因为知识。那一天两个人在聊天,说起了法文"bon",杨绛听了钱锺书的读音,就随口笑说他有乡土音,不正宗。本是一句戏言,但是学究钱锺书却坚持认为杨绛的读音才是错误的,于是两个人开始争论起来,谁也不服谁。唇枪舌剑地吵了半天也没有结果,于是他们去找了一个同在船上的法国太太来评断,这位临时的"裁判"认真地听了两人的发音之后,认为杨绛的发音是正确的。

送走了法国太太,两个人都坐下了,谁也没有说话。过了一

第三章
学海无涯，比翼双飞

会儿，不知是谁的肚子叫了一声，原来已经到午餐时间了。他们看着对方笑了起来，对于自己刚才的幼稚行径，他们回过头想想，都觉得很好笑。不过是一个小小的口音问题，怎么值得争执半天呢！他们牵起手往餐厅走去，刚才不愉快都烟消云散了。

夫妻之间遇到事情，不要急于去争谁是谁非，否则难免会有口不择言的时候，容易伤了感情，像杨绛夫妻这样就很好，吵过也就过了，他们依旧相亲相爱。包容和理解是婚姻中最重要的，没有完美的人。浪漫爱情的结局是婚姻，而步入婚姻又让激情消退，过好平淡的婚姻，才是守住了爱情，不负婚礼上的白头之约。

轮船在海上航行了三个星期，于1935年9月到达英国。钱家的一位本家亲戚钱临照来接他们，见面就叫杨绛"婶婶"。杨绛一惊，害羞得不敢应。到伦敦之后，两个人没有急奔学校，而是在伦敦小住了一段时间。钱锺书带着杨绛走遍了这座世界闻名的城市。大英博物馆有六百万册的藏书，让两个爱读书之人印象最深。文物收藏馆也让他们惊奇，竟然陈列了那么多中国的宝物，两人不胜唏嘘。

牛津大学位于伦敦西北方，在泰晤士河上游，景色静美。这座古老的学府，是世界一流的大学，是无数学子向往的地方。这里就是钱锺书和杨绛即将学习和生活的地方。

钱锺书将进入埃克赛特学院读文学学士学位。杨绛则需要重新安排，她本意是进不需要住宿的女子学院读文学，谁知名额已经满了。若要入学只能改修历史，因为学历史还有名额。杨绛不同意，决定自选几门文学课程旁听，她要自学西方文学。

钱锺书的学习能力很强，生活能力正相反，平时总是大大咧咧的，连走路都可能在想着自己学术上的事情。有一次在学校里，他走路没有注意脚下，摔了一大跤，半块门牙当场磕掉了，他一路捂着嘴回家，可把杨绛吓坏了。"手绢上全是鲜血，抖开手绢，落下半枚断牙，满口鲜血。我急得不知怎样能把断牙续上……"身在异乡，不比在国内，在清华的时候就算没有亲人在身边照料，也是有很多朋友、同学，如今初到牛津就只能自己想办法了，他们赶快找牙医，拔掉了断牙，又镶嵌了假牙。有了这血的教训，钱锺书出门的时候总算是小心了。

初时，杨绛和钱锺书在校外租了一间房子，起居还算宽敞，窗外就是一座幽静的花园。房子的主人姓金（Mr King），约定每天提供三餐和下午茶。英国人喜欢喝下午茶，有导师和同学邀请杨绛和钱锺书去喝下午茶，这在留学生中算是一种普通的往来，他们也就入乡随俗地一起喝茶。后来，杨绛把下午茶也写到了她的文章中："先把茶壶温过，每人用满满一茶匙茶叶：你一匙，我一匙，他一匙，也给茶壶一满匙。四人喝茶用五匙茶叶，三人用四匙。开水可一次次加，茶总够浓。"杨绛和钱锺书学会了正宗的英式下午茶，并且十分喜欢。

老金家提供的餐食每天都是牛排、奶酪、沙拉之类的，配菜还总是那老三样，两个人从一开始对西餐的新奇，渐渐地变成食

第三章
学海无涯，比翼双飞

不下咽。钱锺书还把这种感受写到诗中："嗜膻喜淡颉羹浑，夷味何能辨素荤。"他们开始想念中国菜了，家乡的味道是任何豪华西餐、美味佳肴都无法取代的。

食物不合口味，自然就没什么胃口，钱锺书本来就很瘦，这下子就更瘦了。杨绛看着衣服松松垮垮地挂在身上的爱人，很是心疼，想要换个能做饭的地方住。此时的钱锺书埋头在学业中，杨绛就没有打扰他，她每天查报纸上的租房信息找房子，看了几处都没有相中，有的太远，有的超出预算。终于有一处合眼的房子，在花园路的璐伦园 16 号，这里风景不错，离牛津大学也很近。卧室、客厅、厨房、厕所和阳台，一应设备非常齐全，大小也适合两个人居住，有独立的小门进出，这样私密性也好。最让杨绛满意的是，有了炉灶和炊具，总算可以自己做中餐了。

在金家的日子，他们俩等于过的是寄宿生活，不用和柴米油盐打交道，房东还负责打扫房间。而搬家之后，杨绛就要承担更多的家庭事务了，一切都要自己来，她正式成为一名小主妇。对此，她做了一个统筹规划，每天出门回来或者晚上散步的时候，预订鲜奶、面包、水果、鸡蛋、香肠、肉和菜等日用食品，店主会在指定时间送到家里，并记好账，定期结算。杨绛从不拖欠，总是及时结账，赢得店老板的好评。钱锺书曾在《槐聚诗存》中赞美妻子"料量柴米学当家"，说她懂得量入为出，当家当得好。

第四章 异国求学，两两相伴

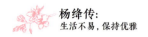

1 牛津趣事

搬入新家的第一晚,杨绛学会了用电灶和电水壶,对付着热了些食物吃。第二天,两个人就开始收拾规整新家。擦拭家具,收拾衣物,把书都放到书架上,两个人又累又甜蜜,这才开始有了家的感觉。这天一早,钱锺书还为杨绛准备了早餐,而且从此时开始,都是他来做早餐,做好之后才叫杨绛一起吃。

安顿下来之后,杨绛就开始琢磨给钱锺书做些好吃的补补,杨绛过去从没做过饭,也只能摸索着来。钱锺书最馋红烧肉,杨绛就想做一顿试试。彼时,还没有满天飞的菜谱,也没有互联网可以查,所以只能问同学。留学的朋友俞大䌷、俞大**䋲**和几个男同学都不擅长做菜,几个人你一言我一语地说了自以为的红烧肉做法。

第一次做红烧肉,杨绛想要把肉切成小块,但是又没有合适的刀具,于是她用一把锋利的食物剪刀把肉剪成乱七八糟的小块。随后,她按照朋友们说的办法,把肉放到锅里煮。火被开到

第四章
异国求学，两两相伴

最大，急火煮肉，水干了肉还是硬的，于是她再加冷水继续煮，可怜那些肉反倒越来越硬了，味道就更不用提了。

虽然第一次做红烧肉失败了，但是杨绛没有气馁，而是积极总结经验教训，打算第二次尝试。她回想起小时候妈妈做肉用的不是太大的火，于是她改用小火做红烧肉。这一次做红烧肉，杨绛一次性多放了些水，水开后撇去了浮沫子，然后加上了一种雪利酒，仅有的几种调料都适量放。虽然不是正宗的红烧肉，但焖煮出来的味道总算是可以了，钱锺书吃了直说好。

从此，杨绛买来的鸡肉、鸭肉、羊肉一律照此做法，小火炖煮，味道都还不错。渐渐地，她触类旁通，煮、煎、炒、炖都学会了。两个没做过饭的人，总算可以自己动手丰衣足食了。后来说起这段故事，杨绛总是笑着说："我们搬家是冒险，自理伙食也是冒险，吃上红烧肉就是冒险成功。"钱锺书感念妻子做饭辛苦，曾题诗相赠："卷袖围裙为口忙，朝朝洗手做羹汤。忧卿烟火熏颜色，欲觅仙人辟谷方。"

厨艺练得差不多了，杨绛和钱锺书就邀请留学生同胞们一起来吃饭，向达和司徒亚都是家中常客。向达寄宿在牧师家庭中，因为总是吃土豆，已经到了看到土豆就没有胃口的地步，每次吃杨绛做的菜都眉飞色舞的，席间喜欢八卦一些导师和留学生的事情。司徒亚和钱锺书在同一个学院，两个人经常一起上课。他对于杨绛的手艺也是赞不绝口。

一天早上，钱锺书要出门去学校，杨绛送他到门口，谁知道

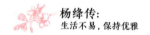
杨绛传：
生活不易，保持优雅

钱锺书刚走，家里的门就被风吹得关上了。杨绛的身上没有装钱，锁匠开锁的收费也不低，于是她就绕着房子想办法。她从花园拿了园丁的梯子，爬上二楼的阳台，又找来一个木箱子垫在脚下，从门上的小横窗钻了进去，总算是有惊无险。钱锺书晚上回来的时候，杨绛根本就没有提这件事，有人生智慧的女子，是不会在意太多细枝末节的。

生活中的变数太多了，可以说唯一不变的就是"始终在变"，只有始终保持乐观的心态，才能过好自己的人生。房子不合心意，就去找更好的房子；饭菜不合口味，就学着去给自己做好吃的；运气不好的时候，抱怨或委曲求全是没用的，总有解决的办法。杨绛和钱锺书的生活在慢慢地摸索中步上正轨，虽然闹了很多笑话，但更多的是成长。

两个人会在晚饭后散步，杨绛称之为"探险"，走在陌生的街头，不知道路的尽头通向何方，也不知道会看到什么样的风景，只有快乐的情绪在牵手中蔓延。就这样，他们踏过了很多学院，探访了街角的公园，看到了肃穆的英国教堂，还有街边琳琅满目的商店，每天都有新的发现。

杨绛说："牛津人情味重。邮差半路碰到我们，就把我们的家信交给我们。小孩子就在旁边等着，很客气地向我们讨中国邮票。"杨绛的信很多，初到牛津，每周都有信从家乡寄来，有时候是父母的关切，有时候是姐妹们的悄悄话，每次收到信她都开心得不得了。钱锺书的信就不多，他的父母比较严肃，偶尔收到

第四章
异国求学，两两相伴

父亲的信，也都是些殷殷教诲，于是杨绛的信他也要抢着看。

街上偶尔会遇到高大的警察，穿着制服带着白色的手套，慢吞吞地沿路走过，一路上会把一家家的大门推一推，确保门关好了，遇到没有关好的，警察就会客气地告诫一番。一座城市的魅力，只有踏踏实实地在那里住上一段日子才能体会，夫妻俩在这里感受到了别样的静美和人情味。

牛津大学沿袭书院式的导师制，每位导师都是一对一，最多是一对二，这样学生是不可能开小差的，只能努力用功。钱锺书入学的时候，校方指定的导师是布瑞特·史密斯，非常严厉，钱锺书跟着这位导师获益匪浅。

杨绛也开始上课了，她和钱锺书选的课不同，两个人各上各的课。但是他们不上课的时候，就一起去图书馆。旁听生没有作业，也不用考试，所以时间都是自己支配，自由得很，杨绛非常高兴，就把时间都用在看书上，几乎大多数时间她都在图书馆。

牛津大学的图书馆名为博德利图书馆，建于 1602 年，历史悠久，藏书量惊人。博德利图书馆是英国法定送存的图书馆，这就意味着在英国发行的所有图书，都有一本会送到这里。

博德利图书馆的图书是不允许外借的，只能在这里读。钱锺书和杨绛这两个"书虫"每次进去就不想出来，只想一直读下去。钱锺书还戏言两人是东方蠹虫，来图书馆是饱餐畅饮的，图书馆也被他称为"饱蠹楼"。

杨绛经常坐在图书馆的一个靠窗位置，上午看不完的书就留

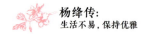

在桌上,下午继续来读。厚重的字典、辞典,轻薄的古典诗歌,有趣的戏剧文学,还有那些深奥的哲学巨作,东方的女孩坐在西方的图书馆中,安静地读着,这一幕已是一道靓丽的风景,当事人却不自知,因为她已经沉迷在书的海洋中了。

2 精彩生活

有人说,杨绛放弃清华的研究生学业,跑到牛津做一名旁听生,得不偿失。但对于杨绛来说,世界上有许多路可以走,而她只是选择了那条走向钱锺书的路,钱锺书就是杨绛的幸福。人生的起落,未必是旁人以为的,主要取决于自己是如何看待的。

有一次,钱锺书午睡,杨绛临帖,她写着写着就睡着了。钱锺书睡醒后,玩兴大发地拿起毛笔,打算给杨绛的脸上"化妆"。杨绛本就睡得不熟,脸上刚被毛笔碰到就醒了,于是两个人笑闹起来。闹过之后,杨绛用水洗脸,谁知道她的脸太吸墨了,皮都搓红了也洗不干净,钱锺书心疼坏了,以后再也不敢这样胡闹了。

第四章
异国求学，两两相伴

钱锺书喜欢早睡早起，而杨绛则喜欢晚睡晚起。每天早上，钱锺书烧开水，泡上正宗的立顿红茶，再热上牛奶做奶茶。钱锺书虽然不太会做菜，但是煮鸡蛋练得不错，吃起来老嫩合适。至于面包，只要从面包机里边拿出来就好，再从冰箱里边拿出黄油和果酱，早餐就齐整了。钱锺书用带脚的托盘把吃的全部盛上，亲手端到杨绛的床上，轻声召唤杨绛起来吃早饭，这个美好的家庭传统一直延续到老。

幸福是什么呢？是坚持一个信念，不论别人怎么看，自己觉得好就行了，会为之奋斗，并且甘之如饴。两个人的幸福，就是找到了对的人，不单单是两个人搭伙过日子，而且是那个人会让你和他在一起的每一天都更有意义、更开心，那就是幸福。

牛津大学一年有三个学期，每个学期为时8周，随后放假6周。因为放假的时间很多，杨绛和钱锺书两个人多数情况都是利用假期进行学习和阅读。

杨绛的心态平和，虽然不是正式入读牛津，但是她给自己制定了学习计划，旁听之余，她就按照文学史的脉络，一个个作家、一部部作品地细读。

杨绛是市图书馆的常客，因为博德利图书馆的藏书中，经典作品是18世纪以及之前的，而杨绛认为狄更斯、萨克雷之类的虽然是19世纪的作家，但他们的作品也是必读的，于是就坐车到市图书馆去借阅。市图书馆的借阅期是两周，通常不到两周的时间她就看完了，再去换一批新的来。

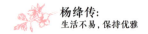

杨绛传：
生活不易，保持优雅

法国文学她也是这样学的。莫里哀的戏剧，杨绛几乎全部读过，一般的文学大家，她就精选三四部读，卢梭、巴尔扎克、左拉和梅里美等，她都读过。还有德国、俄国、意大利等国的名作，杨绛也读了很多。

杨绛很喜欢读侦探小说，说起来头头是道。英国的侦探小说比较多，法国较少。她还得出一个结论，即读侦探小说的时候，看到不懂的字能猜即猜，不能猜就查字典。

有人问杨绛，读过那么多书，最爱哪个作家或者哪部作品。杨绛说这很难回答，她认为各家都是各有所长的，没办法答，作品就更是各有可爱之处了。几番追问下，杨绛说简·奥斯汀的作品不错，塑造的人物鲜活，还有乔治·艾略特的作品也很好，心理刻画很深刻。

杨绛读书，喜欢先读原著，在独立思考有了自己的见解后，才去看别人的评论。钱锺书了解杨绛，每每读到好书，觉得杨绛一定会喜欢的，就推荐给她看。两个人经常进行交流与分享，还比赛看谁读书更多、更快，约定年终结算。

年底结算的时候，杨绛把自己读的书统计了一下，不论大小册、不论中英文，加起来和钱锺书的书目相当。但是，钱锺书的书目中是没有算小册的和中文书的，谁胜谁负不必言说了。而且钱锺书读书很细，他的体会是一本书不能只读一遍，读第二遍的时候才能发现第一遍的疏漏，最精彩的句子有时候要读好几遍才发现。钱锺书不仅细读，还认真地做笔记。杨绛在他的感染下，

第四章
异国求学,两两相伴

加倍认真读书和用心感悟,也激发了很多创作灵感。她读了弥尔顿的两篇诗,心有所感,就写了一篇散文《阴》。

"一棵浓密的树,站在太阳里,像一个深沉的人:面上耀着光,像一脸的高兴,风一吹,叶子一浮动,真像个轻快的笑脸;可是叶子下面,一层暗一层,绿沉沉地郁成了宁静,像在沉思,带些忧郁,带些恬适。"自古以来写光的人很多,写阴的却没几个。杨绛的行文立意独树一帜,从字里行间,读者可以感受到她细腻的文风,耐人寻味。

杨绛是旁听生,很羡慕别人都有导师,于是钱锺书就充当她的导师,学着自己导师的样子教导杨绛,督促她学习,还给她批改作文。

在牛津的第一年,杨绛非常刻苦用功,虽然很想家,却也轻松快乐。学期末,钱锺书考试结束,两个人就决定出门游玩。他们与房东达蕾女士约好了,过完假期回来还是继续租住在这里,两个人轻装出行,行李都留在这里。

这是来牛津后的第一个假期,两个人开开心心地在伦敦疯玩,从东边的富人区到西边的贫民窟,从特拉法广场到旧书店。他们还去了动物园、植物园、圣詹姆斯公园和海德公园等地。

偶尔停下来,他们就见见老同学。途经巴黎,这边的老同学更多了,但还没来得及好好交流,他们就启程去日内瓦了。1936年7月,第一届世界青年大会在瑞士的日内瓦举行,钱锺书由政府当局指派担任代表,而杨绛经友人推荐,受邀担任中共方面的

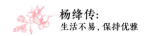
杨绛传：
生活不易，保持优雅

青年代表。

在火车上，他们幸运地与陶行知先生坐在同一节车厢。陶行知先生是中国人民救国会、中国民主同盟的领导人之一，更是思想家、教育家，三个人一路上相谈甚欢。杨绛觉得陶行知先生非常亲切，他会指着窗外的星空，教她用科学的方法辨识星星。火车到站后，几个人都觉得意犹未尽。

第一届世界青年大会如期在日内瓦召开了，会议进行得很顺利。钱锺书和杨绛都不是爱出风头的人，就趁着这个机会在日内瓦四处游玩了一番，他们还去了西欧有名的莱蒙湖，两个人一起在湖边探险，还异想天开地想要绕湖一周。结果是可想而知的，毕竟湖那么大。

回程的时候，杨绛发现自己怀孕了，头晕、恶心、呕吐等症状都跟着出现，怀孕虽然有些辛苦，杨绛却只觉得很新奇，一个小生命已经在肚子里边了，她开始期待与宝宝的见面。孩子是爱的结晶、是生命的传承，温暖的家庭生活，怎么能少了孩子呢？杨绛和钱锺书时常说起孩子，从孩子的长相、孩子的名字到孩子的性别，幻想着即将到来的一切。按照钱锺书的想法，那一定是个女儿，而且长得像杨绛，将来也像杨绛这般温婉。杨绛认为男孩、女孩都好，将来长大后一定会成为博学而有智慧的人。

第四章
异国求学，两两相伴

3 喜得千金

到巴黎后，杨绛见到了在清华时的同学盛澄华，盛同学在巴黎大学研究法国文学。从盛同学这里，他们了解到去巴黎大学攻读学位，要求有两年学历，而且也没有人查，于是便托盛同学帮他们在巴黎大学注册入学。

1936年秋，再次开学的时候，两个人虽然在牛津大学念书，却也是巴黎大学的学生了。重回牛津，房东达蕾女士给他们换了一间大一些的房子，因为另一家房客搬走了。

开学后，钱锺书继续投入学习中，并且开始撰写学位论文。最初定的题目是《中国与英国文学》，钱锺书列出题目、目录和写作的纲要拿给导师看，但是导师对于汉学了解不多，没有看到这个课题的价值，没有同意。于是钱锺书就将论文题目定为《十七、十八世纪英国文学里的中国》，这样论文涉及的范围就小了一些。

为了写这篇论文，钱锺书查阅了很多相关文献，埋头苦干，论文成稿后又几经修改，终于通过。论文装订成册后交给学校，收藏于牛津大学的图书馆。

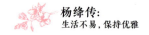
杨绛传：
生活不易，保持优雅

抗日战争时期，《中国书目季刊》曾经刊登了钱锺书的这篇论文。2004年10月，外国教学与研究出版社曾派人到牛津大学查阅原件，但是没有找到。据说，在1986年的时候，英国女王访问中国前夕，曾经调阅该文。

钱锺书在牛津，读遍了英国十七、十八世纪文学，把所有提到中国的部分都提出来，戏剧文学、官吏制度、国民性格、园林建筑等，不管是哪一方面都能看出英国作者对于中国的看法，其中也包括一些误解和偏见。由此，钱锺书在论文中全面展示了英国人眼中的中国是怎样随着时代的发展而变化的。

在十七世纪的英国文学中，英国对中国高度崇尚，涌起一股"中国热"。到了十八世纪，英国文学中的中国已经没有了光环，贬损多于赞扬。这一时期的英国人虽然不像前一代人那么欣赏中国人，但是却很懂中国人。论文的最后，钱锺书以"东方和西方，不能分离"这句话来收尾，这是歌德在《西东合集》中写的。

每天潜心研读学问的同时，他也不忘记照顾杨绛。他不会做家务，为了帮杨绛分担一二，就边学边做。

杨绛的妊娠反应越来越大，起初的时候，她一切如常地坚持学习，但是毕竟精力有限，只能放下学业，家务事也都要钱锺书来帮忙。杨绛会常常轻抚着自己的肚子，每当感受到宝宝的动作，就立刻喊钱锺书过来，两个人一起体会那份生命的悸动，而钱锺书总会傻傻地笑。

第四章
异国求学，两两相伴

1937 年春天，钱锺书早早地就去牛津妇产医院为杨绛订好房间，还预约了接生大夫。医院离他们家不远，步行十多分钟就到了，杨绛会定期去做检查。原本找医生的时候，医院的人看到他们夫妇是东方人，就问钱锺书是否介意医生的性别，而钱锺书的回答是："要最好的医生！"大多数西方人觉得东方人守旧，但是在钱锺书的心中，妻子和孩子的健康是大于一切的。

根据斯班斯医生的推算，预产期大概在 5 月 12 日。这个日期非常凑巧，因为在 1937 年 5 月 12 日，阿尔伯特加冕成为新的英国国王——乔治六世，所以斯班斯医生就笑说杨绛可能会生一个"加冕日娃娃"。到了预产期的日子，这个中国宝宝一直没有动静，又过了一个星期，宝宝还是迟迟不来，看来她对于成为"加冕日娃娃"毫无兴趣。医生建议杨绛住院观察。

1937 年 5 月 18 日，宝宝终于有动静了，阵痛开始，医生给杨绛打了一针，让她先睡一觉养精蓄锐。19 日，杨绛开始分娩，她用尽了全部力气，宝宝还是没有出来，最后还是助产医生用产钳把婴儿夹了出来。这是在牛津出生的第二个中国宝宝，因为哭声洪亮，大家都叫她"Miss Sing High（高歌小姐）"。

当杨绛再次睁开双眼的时候，已经是第二天了，医生亲切地询问她的身体状况，还夸她是个勇敢的女人。女儿被包裹在法兰绒布中，像一个小粽子，甜甜地睡着。小护士很健谈，低声和她说些昨天分娩时发生的事情，还问她为什么不大声喊叫。杨绛淡笑着回答，既然喊叫也会疼，那就省点力气吧。

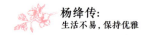
杨绛传：
生活不易，保持优雅

  钱锺书得知生了个女孩，特别高兴，护士把婴儿抱出来给他看，他高兴地说："这就是我的女儿，我喜欢！"但是医院不让他探视杨绛，他很着急，从家里到医院，他已经来了四趟，而且都是用走的。杨绛起初是因为麻醉没有醒过来，醒来后也昏昏沉沉的，没有力气说话，到下午终于有力气说话了，就叫钱锺书坐车回家休息。

  妇产医院的床位紧张，一般产妇也就住三五天，至多十天，可是杨绛因为身体太虚弱了，每每要出院的时候就出问题，所以在医院住了23天，几乎是在这里坐完月子了。出院的那一天，钱锺书炖了鸡汤给杨绛喝。虽然厨艺不好，但是他也在认真地学着去照顾妻子和女儿。杨绛感动极了，不禁会想如果钱锺书的家人知道会怎样吃惊，毕竟他的书呆子形象太深入人心了。

  在医院多住了些日子也是有好处的，杨绛和专业人士学会了给婴儿洗澡、穿衣和换尿布等，试想如果回家去住，家里也没有个长辈，钱锺书和杨绛什么都不会，还真不知道会是个什么光景。

  这段时间，钱锺书自己在家过得太"难"了，他的生活能力真的很差，总是闯"祸"。他把墨水瓶打翻了，弄脏了达蕾女士的桌布；他把台灯弄坏了，不知道为什么就不亮了……他苦哈哈地说着，杨绛莞尔一笑，告诉他："不要紧，桌布，我会洗，台灯，我会修。"钱锺书听到杨绛说"不要紧"，就真的放心了。等杨绛到家之后，她果然把桌布洗得干干净净的，台灯也修

第四章
异国求学，两两相伴

好了。

说起钱锺书对杨绛的信心，是从他们初到英国开始的，那时钱锺书初到异乡，有些上火，脸上就生了疔，是一种毒疮，看了医生、吃了药也不见好。杨绛就说："不要紧，我会给你治。"于是开始积极地向护士取经，问到了辅助治疗的方法。那些天，杨绛隔几个小时就给钱锺书的毒疮处热敷，果然疔里的脓都被排出来了，而且没有留下一点疤。自此，钱锺书对于杨绛说的"不要紧"总是深信不疑的。

读书、学习、照顾孩子、料理家务，日子从最初的鸡飞蛋打，到后来的游刃有余，杨绛和钱锺书在生活中成长着。杨绛性格温婉，而钱锺书大大咧咧，他们没有因为生活的琐碎而满腹牢骚，也没有放弃各自的文学梦想。

在牛津的第二年，钱锺书完成了毕业论文，并且顺利地通过论文答辩，拿到牛津大学文学学士的文凭，牛津之行圆满结束了。牛津大学是出名的宽进严出，钱锺书能够在两年内拿到学位，足见其学习能力之强。

两个人自上次假期的巴黎之行后，已经在巴黎大学注册入学了，如今钱锺书在牛津的学业已完成，他们准备前往巴黎，在那里，杨绛打算系统地学习法国文学。

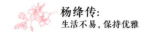

4 巴黎深造

  1937年8月,杨绛和钱锺书离开牛津,从英国东南部的多佛渡海到法国加莱,然后再坐火车前往巴黎。从中国到英国的时候,他们是两个人,现在从英国到巴黎,他们已是三口之家了。杨绛抱着女儿,常常遇到有乘客说:"A Chinese baby!"这句话的翻译过来一方面是指"中国娃娃",而另一方面指"瓷娃娃",听到大家夸奖宝贝女儿时,杨绛特别高兴。

  渡轮到了法国港口,人潮拥挤,有维护秩序的船员看到了杨绛抱着女儿,立刻招呼她先行下船。钱锺书两只手各拎一个小箱子,装的只是随身物品,行李都办理了托运。杨绛就先到行李处把他们的几件行李找出来。钱锺书满头汗地赶过来时,看到海关人员正争相观看"中国娃娃"。这趟行程,杨绛非常开心,她感受到法国人很绅士,特别关爱母亲和孩子。

  巴黎是法国的首都,这座城市给人一种阳光明媚的感觉,就像是热情洋溢的法国人。老朋友盛澄华来接站,将他们送到提前租好的公寓中安顿。公寓位于巴黎近郊,离车站非常近,乘车只要5分钟就可以到市中心,交通十分便利。房子的主人是咖淑夫

第四章
异国求学，两两相伴

人，她原本是在邮局工作的，退休之后就买了一套房子出租，她会烧一手好菜，也为部分房客提供三餐。杨绛和钱锺书住进公寓后，也在咖淑夫人处订饭，和几位房客共同进餐。

按照法国人的用餐习惯，菜是一道一道地上，这样下来一餐饭两个小时都吃不完。虽然咖淑夫人的伙食确实很好，但是钱锺书却心疼这些宝贵的时间，而杨绛本来就吃得少，也觉得太不划算了。于是，两个人还是决定自己做中餐吃，咖淑夫人听了依然热情如故，还经常教杨绛做菜的秘诀。

每天的购物、买菜由钱锺书负责，他在市集上可以顺便锻炼一下口语，可谓一举两得。杨绛将腌过的咸肉和新鲜的鸡肉一起放在锅里煮，快熟的时候再加入蘑菇、青菜一类的时令鲜蔬，这样就能炖出一大锅美味了。钱锺书爱吃里边的肉，而杨绛喜欢蔬菜和汤。至于女儿，还在吃奶的阶段。咖淑夫人也喜欢杨绛家的"中国娃娃"，常常过来看望，后来还教杨绛做牛血给孩子吃。这个英国出生的中国娃娃，也非常爱吃法国菜，她的胃口很好，从来不挑食。

钱锺书原本想到巴黎大学读博士学位，但是在牛津拿到学位之后，他对拿学位的心淡了。与其为了得到学位，花那么多时间在一些没用的课程上，还不如把时间都放在读书进步上。虽然两人在巴黎大学办理入学，但是却很少去听课，而是按照自己定的课程计划在读书学习。

刚到法国的时候，杨绛的法文水平在钱锺书之上，两个人同

杨绛传：
生活不易，保持优雅

时拜读福楼拜的《包法利夫人》，钱锺书不认识的生字更多一些。一年之后，钱锺书就远远超过了杨绛。钱锺书不论做什么，都很专注，全力以赴。在法国期间，他读书多、快、细，那些书，有的是从巴黎大学借的，也有在旧书店里淘的。

杨绛和钱锺书因为放下了心中对学位的执念，反而有更多的时间和精力去读自己喜欢的书，他们读英文、法文、德文和意大利文，自己为自己创造了一个更为开放和自由的学习环境，一头扎进了知识的海洋中。

巴黎是一个浪漫的地方，人们流行去咖啡馆坐坐，喝点东西，和朋友聊聊天。留学生们也都入乡随俗，常常一起在咖啡馆聚一聚。在巴黎的中国留学生之中，与杨绛和钱锺书走得比较近的，有盛澄华、李玮、林藜光和许思园。但是杨绛和钱锺书都爱把时间用来读书，不喜欢交际应酬，而且家里还有孩子需要照顾，所以只是偶尔和大家聚一下。

李玮和林藜光都是非常好客的人，李玮做的菜好吃，所以他们常常请杨绛夫妇去做客。他们俩的儿子和杨绛夫妇的女儿是同年同月出生的，于是家长们之间就有更多的共同语言，在一起总有说不完的话题。李玮告诉杨绛，巴黎有很多夫妻把孩子送去托儿所，不过孩子在那里的生活很严格，要在规定的时间里吃、喝、拉、撒、睡，杨绛舍不得女儿这么小就受这种训练，于是不再考虑送女儿入托了。

在牛津出世的宝贝女儿在慢慢长大，钱家祖父为她取名健

第四章
异国求学,两两相伴

汝,号丽英,但是杨绛和钱锺书还是喜欢叫她的小名圆圆。取这个名字是因为她从小胃口好,吃的也多,身体特别健康,小胳膊、小腿都是圆圆的。钱锺书给女儿买了一辆小推车,杨绛常常推着她出去晒太阳,圆圆很喜欢在外边玩,她最早学会的词就是"外外"。

圆圆的父亲、母亲都爱读书,手不释卷,言传不如身教,圆圆自然也是个爱读书的人。杨绛给圆圆买了丁尼生全集,圆圆就像模像样地坐在高凳上自己看,边看还边拿一支铅笔在上面乱画。

圆圆长得圆圆的,很招人喜欢,邻居都非常喜欢这个"中国娃娃",有时候杨绛和钱锺书要出门的时候,就把圆圆托付给对门的太太来照顾,她总是欣然应允。杨绛在接圆圆回家的时候会给她一点报酬。

圆圆性格很好,总是乖乖的,对门的太太也是真心喜欢她。有一天,她对杨绛说想带着圆圆去乡下住一段时间,说那里空气好,牛奶、蔬菜好,并且承诺他们随时可以过去看圆圆。有人照顾孩子是好事,但是对于这对新晋爸妈来说,他们已经习惯了孩子在身边,一天没有看到孩子都睡不踏实,怎么会舍得让孩子离得太远呢?

虽然人在国外,杨绛和钱锺书还是很关心国内的时事。列强欺辱,军阀混战,日本侵华,还有一二·九抗日救亡运动和西安事变等,国内的大事留学生都知道,一方面从亲友来信得知,另

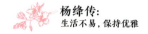

一方面在报纸上也能读到。

钱锺书写了很多寄托游子悲伤和报国之心的作品,如《新岁感怀适闻故都寇氛》《巴黎归国》和《将归》等,每一篇佳作都将留学生的爱国之情展现得淋漓尽致。中华大地生灵涂炭,日寇气焰嚣张,国人惨痛屈辱,留学生们每每聚首也都是心情沉痛的。

自从苏州沦陷后,杨绛就没有接到家书了,很久之后她才在大姐的信中知道一切。只有徘徊在生死之间,才能体会到人是多么渺小的存在。

日寇空袭苏州,父亲、母亲、大姐、八妹和两位姑母一起跑到香山避难。母亲得了疟疾,俗称"打摆子",这种病即便是没有战乱,医生都没有办法保证能够治好病人,何况是在当时的情况下。父亲让两个姑母带着八妹走,决定和大姐一起留下陪母亲。后来,母亲还是离世了。没有棺木,父亲就用几担大米换来了棺木,祖坟不在此地,因为战乱也没有办法将母亲身体带回去,父亲只能就近找了一块坟地,将母亲安葬。

父亲在母亲的坟前失声痛哭,在坟上所有能写字的地方写下自己的名字,他怕战后回来,就什么都找不到了。

父亲、母亲情深义重,没有人比父亲更爱母亲了。母亲比父亲大五个月,性格和顺,嫁给父亲之后,一切都以父亲为重。父亲在日本留学,归期遥遥,母亲就默默地等候,侍奉公婆,照顾女儿,没有任何的怨言。父亲在官场沉浮,母亲就随着父亲南下

第四章
异国求学,两两相伴

北上,一路相随。父亲病重,性命垂危,连医生都放弃的时候,母亲也没有放弃,最终救活了父亲。

母亲称父亲为"老牛",心疼他辛苦养活这么一大家子人,所以生活上总是无微不至地照顾他。父亲爱穿布鞋,却不爱去鞋店试鞋,母亲让店里的伙计带着十几匣子鞋到家里来,给他挑。父亲不爱去理发店,母亲就多付酬劳,让剃头匠到家里给父亲理发,晚年的时候更是亲自给父亲理发。

往事历历在目,这么多年的夫妻感情,父亲怎么能接受母亲离开的现实?

哪怕人人都知道死亡是生命的必然,哪怕做了万全的准备,可还是会悲痛得难以承受,更何况母亲走得是那么突然。

杨绛也难以承受这种伤痛,圆圆出生仅仅半年,她才刚体会到做母亲的艰辛,自己的母亲就走了。母亲的音容笑貌,还在杨绛的眼前转。记忆中,母亲照应着一大家子的人,任劳任怨地干活,也很有生活情趣。闲暇的时候,她会读小说,读过之后也总有不俗的见解。母亲和父亲从不吵架,两个人琴瑟和鸣、无话不谈,这在旧式婚姻中是很难得的。母亲走了,这些美好都将不在了,杨绛心中十分难过。

最后一次见到母亲的时候,杨绛正病着,鼻子、胸口都生疹,母亲心疼得紧,不舍得她走,却又无可奈何。杨绛离开的时候,母亲还给杨绛带了两篓水蜜桃和一件冬天的衣服。那甜甜的水蜜桃,一直甜到人心里,如今回想起来,心底却只能泛出

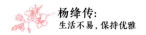

苦涩。

  母亲去世之后,父亲就没有给杨绛写过信。杨绛十分担心,也心疼父亲,但是生活还是要继续,她只能用功读书,照顾好自己的小家。精致的法国菜失去了往日的美妙滋味,留学生们也无心去咖啡厅谈天说地。1937 年 7 月,法郎贬值,物价不稳,巴黎的人心也骚动起来。

  局势越来越差,若是在和平年代,杨绛和钱锺书也许可以继续在巴黎学习深造,但是偏偏,这世道乱了。

第五章 国难当头,毅然回国

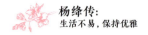

1 归心似箭

战争中,没有谁是胜利者,因为战争是人民的灾难,是国家的创伤。战争的阴影笼罩着中华大地,祖国在饱受摧残,一片水深火热。

1938年,爱因斯坦、罗曼·罗兰、杜威和罗素等人都曾发起援华运动;1938年,南昌有新四军成立;1938年,加拿大的白求恩医生来华援助;1938年,南京大屠杀震惊了世界……1938年,杨绛和钱锺书决定回国。国难当头,前途渺茫,他们却毅然决然地选择回国,爱国之心无须赘言。

钱锺书给英国的好朋友司徒亚写过一封信,信中写道:"我们将于九月回家,而我们已无家可归。我们各自的家虽然没有遭到轰炸,却都已被抢劫一空。我的妻子失去了她的母亲,我也没有指望能够找到合意的工作,但是每个人的遭遇终究是和自己的同胞结连在一起的,我准备过些艰苦的日子。"

"白骨堆山满白城,败亡鬼哭亦吞声。熟知重死胜轻死,纵

第五章
国难当头,毅然回国

卜他生惜此生。身即化灰尚赍恨,天为积气本无情。艾芝玉石归同尽,哀望江南赋不成。"钱锺书的这首《哀望》写尽了世态炎凉和人心仓皇,悲伤无处不在。

尽管归心似箭,回国的船票却不好买,已经到了一票难求的地步。幸亏里昂的朋友帮忙,两个人才好不容易买到船票,他们终于可以回家了。

从决定回国之后,钱锺书就开始和国内的老师、朋友们联络,打听有没有适合他的事做,他还向很多单位发信,看能不能找到合适的工作。外交部、上海西童公学和《天下月刊》陆续传来消息,都向他投出了橄榄枝。

即将归国时,钱锺书又接到了一封信,西南联合大学文学院院长冯友兰也向他发出约聘,请他出任外文系教授。通常留学生归国要先做讲师后,才能一步一步擢升,冯院长这是破格任命他了。1938年4月,由国立清华大学、国立北京大学、私立南开大学共同组建的国立长沙临时大学从长沙迁到昆明,改名为西南联合大学,所以钱锺书到西南联合大学也算是回母校工作。

一家三口从巴黎出发,先坐火车到马赛,再登上法国邮轮,起航回国。海上颠簸,总是晕船,一家人都很难受。杨绛看着外面的风浪,突然心有所悟。她对钱锺书说,坐船不晕船,就要不以自己为中心,应该把船当作中心,随着波浪而起伏。钱锺书按照杨绛的说法做,果然感觉不那么晕了。

三年前来时的船上,食宿条件很好,杨绛料想回去也差不

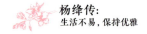

多,就没有准备太多食物,结果因为战争导致物资匮乏,船上的伙食实在太差了。大人倒是可以将就,可是女儿圆圆每天只有土豆泥可吃。圆圆的脸也不圆了,二十几天的时间,圆圆瘦得实在可怜。

钱锺书在轮船开到香港的时候下船了,他从那里走陆路去昆明的西南联大报到。这一去,是为了一家的生计,也是为了不负所学。杨绛带着女儿圆圆继续往上海走,她要去看父亲。母亲去世后,她始终担心父亲。杨绛抱着圆圆站在甲板上,望着钱锺书下船,眼中都是不舍,挥手间都是心伤,圆圆茫茫然的,还不知道是怎么回事。

杨绛想念父亲,但是作为钱家的媳妇,回国后理该住在钱家。下船后,钱锺书的弟弟来接她们母女,他们到家的时候已经是黄昏时分了,公公、婆婆带着一大家子人在等她们回来。杨绛给各位长辈、亲人问好之后,大家的目光就落在了圆圆身上。

此时的圆圆还不到两岁,看到一屋子的陌生面孔,非常紧张。她还不太会说话,于是嘴里冒出抗拒的声音,卷着舌头发出小舌音,像个受惊的小兽在低吼,直往妈妈怀里钻。

长辈们对于这个小宝贝的抵触丝毫不介意,还笑称她"打花舌头",太有趣了。小姑子逗着圆圆,想让她再说几句,一而再再而三之后,小圆圆就坚决不配合了。虽然外面的局势是那么紧张,这一次又是这样匆忙归国,但是小宝宝还是给大家带来了欢笑。

第五章
国难当头，毅然回国

新住所在辣斐德路 609 号，是一所临街的房子，三层楼的弄堂后面还有一片楼。1937 年 8 月，淞沪会战在上海附近开战，三个月后，中国军队战败，大军撤离，日本军队武力占领了上海除去租界以外的全部地区。1938 年的上海，已经成为一个"孤岛"，处处是日军设的哨卡，没有几处是安全的，人人自危。四面八方的人潮涌入上海租界，房屋紧俏，这所房子是钱锺书的叔叔想办法租来的，花了大价钱。

叔叔一家住在第三层，公公婆婆带着钱锺书的三弟和小妹住在二层，钱锺书的二弟一家住在一层，还有的床是夜间搭上、早上拆掉的，勉强留出客厅供全家使用，屋子挤得让杨绛心惊。杨绛到家已经是 10 月份了，被安排和弟媳挤在小间住。

想着父亲，杨绛一夜都没有睡好，第二天天一亮，就立刻带着圆圆去看父亲。久别重逢，父亲老了很多，因长期服用安眠药助眠，面容倦怠。父亲看到女儿带着外孙女回来，非常高兴。三年未见，彼此都有好多话想说。杨绛想到了当年在苏州老宅的情形，父义母慈，闺中笑闹，那时的杨家是何等的风光，谁曾想到，三年后竟是这般光景。

杨绛的表姐将自己住处的三楼让给父亲居住，在霞飞路。钱家的房子确实不大，家里人口又多，于是杨绛便时常带着女儿与父亲同住，就这样有时住在钱家，有时住在娘家，两边走动。

霞飞路成了大家欢聚的地方，三姐和七妹也常常回来，一家人又像小时候那样热热闹闹地聚在一处。三年在外生活，杨绛一

杨绛传:
生活不易,保持优雅

直都很想念父母。养儿方知父母恩,在母亲离世后,杨绛就更觉愧对亲恩,她暗自决心要像母亲在世时那样,无微不至地照顾父亲。她定期带父亲去理发,给父亲买衣服、鞋袜,看到父亲喜欢吃什么,就给父亲再买一些回来。各种糖果茶点装在罐子里边,就放在父亲的床头柜上,杨绛常常翻看,看到哪个少了,就知道父亲爱吃哪一种,然后再悄没声息地补充进去。

女儿是最贴心的小棉袄,这些父亲都看在眼里,欣喜又欣慰。父亲戒掉了安眠药,神色日渐清明,经人介绍到震旦女子文理学院授课,教教学生、讲讲课,权当消遣了。看到父亲的身体越来越好,杨绛很高兴。

圆圆对于新环境适应得很快,在船上饿瘦的身体在渐渐补回来。听从长辈的建议,杨绛给女儿换掉了洋皮鞋,穿上了手工制作的软底鞋,圆圆很快就走得稳稳当当了。因为周围都是无锡人,圆圆在耳濡目染之下开始说无锡话了,奶声奶气的,每每引得人哈哈大笑。

家里雇来女佣洗衣做饭,圆圆也大了一些,杨绛的事情就不多了,她在朋友的介绍下接受了一份家庭教师的工作,为一位富商的女儿讲课。圆圆很听话,妈妈不在家的时候,她就跟着外公,从不无理吵闹。

生活步入正轨了,杨绛不免思念远方的爱人,而钱锺书一个人在西南教课,亲人都不在身边,也十分思念杨绛。每逢佳节倍思亲,上元节的时候,钱锺书写了一首诗:"上元去岁诗相祝,

第五章
国难当头,毅然回国

此夕清辉赏不孤。今日仍看归计左,连宵饱听雨声粗。似知独客难双照,故得天怜并月无。造化宁关儿女事,强言人厄比鬟苏。"这首《上元寄绛》让人感觉到了钱锺书的孤单寂寞,体会到了其与爱人分处异地的相思之苦。

2 走马上任

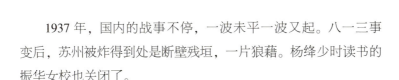

1937年,国内的战事不停,一波未平一波又起。八一三事变后,苏州被炸得到处是断壁残垣,一片狼藉。杨绛少时读书的振华女校也关闭了。

王季玉先生是振华女校的校长,杨绛少时在振华念书,多得季玉先生照顾。其实学校是季玉先生主动关闭的,季玉先生不愿在日本人的统治下办学,于是和同事一起商议暂时关闭学校。

自从学校停办后,季玉先生一直没有放弃重办学校。上海租界被称为"孤岛",日本势力还没渗透进去,还有很多振华的校友在那里,于是季玉先生筹划着在那里开办振华的分校。季玉先生在苏州,不方便出面在上海当校长,于是校长的人选,就成了

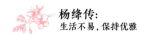

一个问题。1938年，杨绛与钱锺书回国，季玉先生听说当年的小阿季已经留洋归国，就找了过来。

杨绛非常高兴地接待了老校长，高兴之余也很意外，毕竟是多年没有见面的老师突然来访。然后还有更让她想不到的事情，季玉先生竟然是来"逼"她当校长的。

季玉先生将振华要在上海开分校的事情说了，让杨绛也过来帮忙，而且季玉先生非常聪明，她了解杨绛的性格，一句也没提让杨绛做校长的事，只说让杨绛帮着"扶一把"。杨绛听了惴惴地说："我怎么扶，真的不会……"季玉先生立刻趁热打铁地说："你能做什么，我还不知道！是你能做的事情——这说定了。"杨绛连忙说："没说定。"季玉先生就说："不能反悔。"杨绛只好说："我也许能教一两门课……"季玉先生见事情定了，就说其他不用说太细了，杨绛赶紧追加了一句："只半年。"杨绛糊里糊涂地答应了季玉先生，还不知道自己是被拉去做校长的。

第二天再见面的时候，季玉先生就拉着她去见校董，告诉她要服从调度当校长，杨绛当即被这个消息给惊到了，一直说不行，但是因为之前已经答应来帮忙，怎么说都没法拒绝了。就这样，她被季玉先生拉去和校董吃饭，饭后还见了很多振华女校的人。校董同意由杨绛做校长，孟宪诚先生还去教育局备案了。

杨绛从小受父亲影响，不爱做官，但是事已至此，也推不掉了。杨绛就回家和父亲商量，父亲想了想，对杨绛说："此事做

第五章
国难当头,毅然回国

得。"一锤定音,27 岁的杨绛走马上任,开始她的校长生涯。

学校什么都没有,空有一个名号。选校址、租房子、找老师、算工资,大事小情都要处理。季玉先生看到杨绛做得很好,就把学校的存折和印章交给她,让她放手去干。杨绛一看季玉先生要走,立刻不让。季玉先生就笑着说:"我在这里,你什么都不会;我走了,你不会也会了。"杨绛拿先生无可奈何,季玉先生当天就离开了上海。

学校的事情,她边学边干,竟也没出什么纰漏。杨绛是个很有责任心的人,只要她承诺的事情,就一定尽心尽力,只要是她认为有意义的事情,也一定会去做到最好。

杨绛初当校长的时候,公公钱基博老先生很不以为然,曾说:"女人家谋什么事情?还是在家学学家务。"杨荫杭听了就说:"钱家倒是奢侈,我这么多心血培养的女儿,就给你们钱家当不要工钱的老妈子。"钱锺书对于妻子的选择向来是支持的,听说她那边缺老师,还推荐了两个朋友过去。

两个人因为工作不在一处,钱锺书特别想念妻子和女儿,他便鸿雁传书、寄情于诗。1939 年夏天,钱锺书写了一首诗:"销损虚堂一夜眠,拼将无梦到君边。除蛇深草钩难着,御寇颓垣守不坚。如发蓖梳终历乱,似丝剑断尚缠绵。风怀若解添霜鬓,明镜明朝白满颠。"这首《不寐,从此戒除寱词矣》是写给杨绛的情诗,饱含了钱锺书对于爱人的相思爱慕之情。

杨绛很喜欢这首诗,而在钱锺书所写的众多情诗中,这首诗

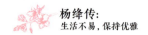

也是他最得意的一首。

1939年金秋,振华女校上海分校开始招生了,在上海租界避难的振华学生都纷纷来复学,还有很多新生来报名。教员中有几位是原来苏州振华女校的老师,还有几位新招的老师是杨绛父亲推荐的,钱锺书也帮忙推荐了两位英语教员,杨绛自己当校长之余也兼职教英语课。

随着学生的陆续入学,振华分校步入正轨。杨绛把全部精力都投入到学校的经营上,教学管理渐渐形成一套完整的方法和制度。只是工作太忙,没有时间陪女儿圆圆。

杨绛常常自责没有照顾好圆圆。因空余时间太少,杨绛只能偶尔给孩子唱童谣,陪她玩玩。幸好表姐有个女儿常和圆圆一起玩,小孩子有一个玩伴是比较好的。表姐家的孩子叫阿寿,比圆圆大两岁,已经到了认图识字的年龄,圆圆还小,就看着姐姐看书识字。杨绛看到了,就也给她买了一本回来,谁知道圆圆竟然都会念,但是不知道为什么,书是倒着看的。后来还是大姐想明白了,圆圆总是坐对面看姐姐念书,自然认的字是反的,这个乌龙摆的!

为了让圆圆把那些记颠倒的字都改过来,大姐开始教圆圆认字,父亲却认为圆圆这么小不宜学字,但是也不能让她记着那些颠倒的字呀。大姐买回教小孩子认字用的方块字,认真教圆圆认字,圆圆学一遍就记住了,都不用再温习,真是记得又快又牢,简直是过目不忘了。不愧是杨绛和钱锺书的女儿啊。

第五章
国难当头，毅然回国

圆圆三岁的时候，有一次看到"朋"字，就对妈妈说："妈妈你看，这是两个'月'在亲热呢！"杨绛对女儿的妙思很是惊喜，说给钱锺书听，钱锺书听了高兴地做了一首诗："颖悟如娘创似翁，正来月字竟能通。方知左氏夸娇女，不数刘家有丑童。"诗的意思就是夸女儿像父母，既聪明又有创意，还有才有貌。

老话说隔辈亲，果然不错。父亲杨荫杭十分宠爱这个外孙女，父亲的大床，几个兄弟姐妹小时候都没有睡过，只有圆圆睡过。父亲有一个耳枕，是母亲在世的时候亲手做的，父亲非常宝贝它，谁也不能动，只有圆圆可以。父亲看到圆圆就开心。

杨绛的弟弟在维也纳医科大学念书，不久就要回国了，杨绛看家里不宽敞，就和父亲说她和圆圆搬出去。晚上，父亲和圆圆说："搬出去，没有外公疼了。"圆圆立刻哭了起来，豆大的泪珠连成了串儿，她抱着外公的膝盖，把膝盖上的裤子都浸透了。圆圆已经懂事了，大人说什么都明白。杨荫杭连声哄圆圆，哄着哄着，自己也禁不住红了眼。

大姐教圆圆认字之后，圆圆渐渐能看故事书了，杨绛就给她买一些带画的小人书看。有一次，她看了一本《苦儿流浪记》，被里边的情节感染，哭了起来，杨绛连忙过去安慰她，告诉她只是一个故事，后面一定是好结局。圆圆却看到书就哭，这套书就只能收藏起来了。

虽然有外公和小表姐的陪伴，圆圆还是喜欢和妈妈玩。但是杨绛因为工作太多，陪女儿的时间有限。所以每天杨绛一回来，

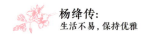

圆圆就会像一个跟屁虫似的跑前跑后。如果杨绛坐下来工作的话，她就嘟个小嘴失落地走开。陪女儿的时间太少，令杨绛十分愧疚。

在"孤岛"的这段时光中，"逼"出来的校长做得很称职，可是作为圆圆的母亲，杨绛自认不够称职。更让杨绛忧心的是，被校长一职缠身，她已经很久没有时间读书写作了，不知道何时才能继续走她的文学之路。

3　又起风波

东坡居士在《定风波》中曾写过："莫听穿林打叶声，何妨吟啸且徐行。竹杖芒鞋轻胜马，谁怕？一蓑烟雨任平生。"

读书人中，有人渔船蓑衣，有人深山逍遥，有人宦海沉浮……都是志趣所向，没有高低之分。人生只有一次，一定要选择自己喜欢做的事，不要给自己留下遗憾。

杨绛把学校管理得有声有色，内心却从未放弃自己的文学梦。看着学校已经步入正轨，她决定继续走自己的路，于是向季

第五章
国难当头,毅然回国

玉先生提出辞职。季玉先生在山东收到了杨绛的辞职信,立刻赶来上海找杨绛,一见面就拉着杨绛劝她留下,说什么也不让她辞职。

季玉先生对杨绛说:"你又小女孩脾气了!哪能说走就走?至少做满一年呀!"杨绛只好说:"当初说好的,只做半年。"季玉先生立刻说:"当时我没有答应呀。"两人你一言我一语,都想把对方劝服。最后还是季玉先生略胜一筹,杨绛只好答应再干半年,一再强调到暑假的时候,一定要同意她辞职。季玉先生问她辞职的理由,杨绛只说:"我是学文学的。"

杨绛从振华在上海建校之初就担任校长,到学校开课运营,大家都夸她做得很好,都劝她不要辞职。只有她自己知道自己想要的是什么生活,所以她坚持不做这个校长。季玉先生只好找了其他人来代替她。

1940年,陈焕华接任振华上海分校校长,杨绛终于可以放下这个担子,做自己想做的事情。学期末的时候,季玉先生来找杨绛拿印章,因为校长之名已经在教育局备案,总不能一年就换,所以还是继续用杨绛的名章。季玉先生笑着说:"你倒是爽快!"

虽然离开了振华,但是杨绛对振华的感情很深,毕竟是参与了从无到有的建校,其中感情不是说放下就能放下的。她一直关心振华的成长和发展。对季玉先生,她有感激之情,亦有歉疚之心,季玉先生对她真的很好。

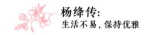

杨绛的这段校长生涯完结了，这段经历让她受益匪浅。人生在世，总有舍得。杨绛还自嘲地说过，校长就是她这辈子当的最大的官了。当校长的时候，她踏实肯干，从来不摆架子，但还是和同事之间隔着条线，这就是职位高低所至，所以她决心以后再也不当官了，一辈子当普通老百姓。"唯有身处卑微的人，最有机缘看到世态人情的真相。"杨绛如是说。

有了校长的经历，她了解了很多为人处世的道理，对人生的体悟更深了。杨绛以这段经历为源，创作了短篇小说《事业》，故事中的人物原型就是季玉先生。

杨绛的工作顺利结束了，钱锺书的工作却一波三折。

钱锺书独自在昆明工作的时候，经常给杨绛写信，记录周边的一切，抒发对杨绛的思念之情。抗日战争期间，学校的校舍非常简陋。钱锺书是这样描写他的住处的："屋小檐深昼不明，板床支凳兀难平。萧然四壁埃尘绣，百遍思君绕室行。"

虽然杨绛每每读到钱锺书的信都很感动，但是彼时的她正在焦头烂额地忙着校长公务，实在是没有时间每信必复。钱锺书在那边盼着杨绛来信，简直是望眼欲穿，还在小本子上写了一首小诗："一日不得书，忽忽若有亡；两日不得书，绕室走惶惶。"

暑假的时候，钱锺书立刻往上海赶。杨绛的父亲知道女婿要回来，就在家里腾出一间房让小夫妻团聚。久别重逢，互诉衷肠，终解相思之苦。钱锺书陪圆圆玩，乐趣多多，陪老岳丈聊天，其乐融融。

第五章
国难当头，毅然回国

虽然在岳丈家住，钱锺书还是每天都回钱家给长辈请安，杨绛忙着学校的事情，偶尔过去。有一天，钱锺书回来的时候神色不对，他是个直人，心里藏不住事儿，什么事情都写在脸上。原来是钱父来消息，想让钱锺书到湖南蓝田国立师范学院任职，做外文系的主任。这件事情也不是钱父心血来潮提起的，很早之前钱父就想让钱锺书过去了。但是钱锺书更喜欢在西南联大教书，或者说他对清华大学比较有感情。

钱家是个大家庭，所有人都支持钱锺书去他父亲那边，于是他左右为难，问杨绛怎么办。杨绛从小都是自主选择道路的，父母只给建议，并不代替她做什么决定。杨绛也是这样告诉钱锺书的，要尊重自己内心的想法，去或者不去，只要跟家人讲清楚就好。钱锺书很听杨绛的话，就决定回家把道理说清楚，谁知道他刚把想法说出来，就遭到了全家的抨击，在长辈和家庭的压力下，钱锺书最后还是妥协了。

钱锺书写信给系主任叶公超辞职，一直没有收到回信，只好先去蓝田国立师范学院报到了。谁知道他刚走，杨绛就收到了西南联大的电报，梅贻琦校长发来电报询问钱锺书为什么没有回复电报。杨绛立即回电，他们并没有收到什么电报。

钱锺书正在赶路的途中，联络不上他，杨绛只好把消息转发到蓝田国立师范学院，他到那里就能收到了。这一趟，钱锺书走了一个月才到地方，看到电报内容时已经太晚了，心里很难过，领导对他那么好，学校对他那么重视，他却迫于孝道而选择离

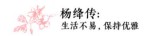

开,如果当时晚走几天就好了,定能收到电报。

叶公超对于此事一直耿耿于怀,曾和袁同礼说:"钱锺书这么骄傲的人,肯在你手下做事?"话中可见老领导的态度,对于钱锺书的辞职他很是不满。那份遗失的电报一直没被找到,成了家中"悬案",只能说造化弄人了。

世事难料,人生何处无风波?

4 夫妻团圆

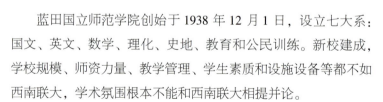

蓝田国立师范学院创始于1938年12月1日,设立七大系:国文、英文、数学、理化、史地、教育和公民训练。新校建成,学校规模、师资力量、教学管理、学生素质和设施设备等都不如西南联大,学术氛围根本不能和西南联大相提并论。

在西南联大,学生来自全国各地,都是优中择优。学生的素质好,老师讲的课自然也要更好,钱锺书讲各种高深的外国文学,学生都听得津津有味,接受得快,领会起来毫不费力。蓝田的学生的基础不如西南联大的学生,接受能力也没有那么强,钱

第五章
国难当头,毅然回国

锺书讲课也要因材施教,调整课程。教学相长,有时候是好学生成就好老师。

这里与钱锺书志趣相投的同好不多,学校所在地又很偏僻,整个镇也没有多大,没什么地方可以游览。课业之余,钱锺书就是陪着他父亲,多数时候都是一个人在宿舍读书写作。

孤独,会给人带来创作的灵感,也让人有更多创作的时间。从这一点来看,来蓝田也是有好处的,也许一切都是最好的安排。

钱锺书开始动笔写《谈艺录》,这是钱锺书的代表作之一。在序中,钱锺书开门见山地表明:"东海西海,心理攸同;南学北学,道术未裂。"意思是说学术是无国界的,不单独提倡中学或者西学,而应该立足全世界,打破地域的局限,成一家之学。这句话被无数名人大家推崇,视为经典。

钱锺书每晚写一章,过几天就把前几章修改一下。他还写了一些散文,《窗》《吃饭》《论快乐》《读〈伊索寓言〉》和《谈教训》都是在创作《谈艺录》之余写的。

此时的昆明,却是一番热闹景象。自西南联大在昆明建校,陆续又有中山大学、同济大学、中央政治大学、上海医学院、艺术专科学校等很多学校迁到那里,昆明成了一个全国闻名的文化教育名城。钱锺书在昆明的文化友人都想让他回去,他也十分想念那里。

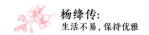
杨绛传:
生活不易,保持优雅

两年之后,钱锺书从蓝田回来了,是赶着学校放假的时候辞职回来的,本以为能再去西南联合大学,谁知却一直没有等到聘书。吴宓非常欣赏钱锺书的才华,一直在西南联大为他各方周旋,可惜终究事与愿违。

钱锺书在蓝田的时候,没有妻子照顾,还是在乡下地方,回到上海的时候,特别狼狈:面黄肌瘦,胡子拉碴,还穿一件特别土气的大褂,一路风尘仆仆,就更显土气了。原本的儒雅文人不见了,活脱脱一个乡下来客。钱锺书两年没有见到女儿了,给女儿带了一把外国小椅子作为礼物。圆圆两年没见到他了,接过椅子就递给妈妈,然后继续看着钱锺书。当圆圆看到钱锺书把行李放在妈妈的床边后,小脸上立刻满是戒备。"这是我的妈妈,你的妈妈在那边。"圆圆大声说完还指了一下奶奶。钱锺书笑着问她:"是我先认识你妈妈,还是你先认识?"圆圆就说:"当然是我先,我一出生就认识,你是长大之后才认识的。"钱锺书啼笑皆非。

钱锺书把圆圆拉到身边,在圆圆的耳边小声地说了句悄悄话,圆圆的眼睛亮了,转身扑进爸爸的怀抱。钱锺书到底说什么,杨绛几番追问,父女俩都不告诉她。后来,杨绛在她写的《我们仨》中写出了这件事。

钱锺书回来,圆圆的高兴是最直接的,因为她有了一个大玩伴,两个人每天都没大没小地疯耍。钱锺书会在圆圆的小肚皮上

第五章
国难当头，毅然回国

画鬼脸，还会带她四处去玩，圆圆到哪都自豪地说："这是我爸爸！"有一次圆圆在床上蹦着玩儿，钱锺书看到了就随口编了一个顺口溜："身是穿件火黄背心，面孔像只屁股猢狲。"圆圆虽然没有听懂爸爸的话，但是也知道爸爸一定是在笑话她，要不怎么话里还带"猴子""屁股"的。圆圆撅起小嘴抗议，钱锺书一看就更乐啦，连着给圆圆又起了几个外号，从"猪噘嘴""牛撞头"到"蛙凸肚""蟹吐沫"，这几个词儿一个个地蹦出来，气得小丫头冲下床挂到爸爸身上去了，父女俩又笑闹着滚到一处。

钱锺书回到上海之后，日盼夜盼也没有盼来西南联大的聘书，只好作罢。因为没有工作，杨绛的父亲把他在震旦女子文理学院的工作让给了他，按钟点授课。一段时间后，因为课讲得好，校方聘请他做正式教授。自此，钱锺书在上海安定下来，一直到抗战结束。能够夫妻团聚，一家聚首，钱锺书非常高兴。

在西北联大教书，是钱锺书感念清华母校之恩，更是因为那里的学术氛围最好，但是一个人去昆明远离妻女，他又舍不得，去不成了，反倒成全了一家人可以在一起。

钱锺书郑重地对杨绛说："从今以后，咱们只有死别，不再生离！"

在震旦教书的日子，因钱锺书才华横溢，做事又踏实肯干，同事都很喜欢他，陈麟瑞和他最要好。那时陈麟瑞家和他们家住得很近，时常往来，两家的夫人也成了好朋友。陈麟瑞号瑞成，

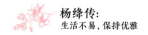

笔名石华父，毕业于清华大学，先后到美国、法国、英国和德国留学，研读英美文学和戏剧研究。陈麟瑞是柳亚子的女婿，其妻子是柳无非。杨绛后来创作剧本，就是受到陈麟瑞的鼓励和影响。陈麟瑞在多所大学任职，教课之外还从事翻译和戏剧创作。杨绛经常跟他借书，写出的剧本也请他指正。钱锺书的另一位好朋友李健吾亦是此中同道，常和杨绛一起探讨剧本的创作。战争依然在打，"孤岛"上志同道合的朋友们，常常一起聚会谈论文学。

　　杨绛接了一份小学教师的工作，一般的老师都不喜欢给一年级的小孩子讲课，因为刚刚上学的孩子什么都不懂，没规没矩，课堂上总是有各种问题。杨绛却很容易地解决了这个问题，她记住所有孩子的名字，一旦有调皮捣蛋的，立刻点名喝止，孩子们就听话了。而一般的老师都是称呼学生"小朋友""小同学"，太笼统模糊了，孩子们也不怕。

　　上班的路程很远，杨绛要从辣斐德路乘车到法租界，步行穿过法租界后再乘一辆车，下车后才能到学校。

　　那时候日本人在上海横行霸道，四处设立哨卡，乘车途中也可能会遇到日本兵拦截检查，而且最让杨绛不满的是，国人染上日本人的习气，总要向他们鞠躬。有一次乘车，又遇到日本兵上车检查，所有人立刻站起来鞠躬，杨绛心有怨念自然动作就慢了些，日本兵走过来瞪着她，还用手指捏起她的下巴，杨绛愤怒地

第五章
国难当头,毅然回国

对日本兵说:"岂有此理!"毫不示弱地瞪过去。车上一片寂静,大家都被娇小的杨绛吓住了,这么小个子的女子竟然敢和日本兵叫板,铿锵有力的四个字让大家都捏着一把汗。后来,日本人转身下车了。杨绛心有余悸,此后就走路去上班,再后来,为了安全就辞职待在家了。

即便乱世,只要一家人始终在一起,心就是安稳的。

第六章 惊才绝绝，安之若素

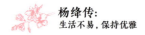

1 初露头角

战事越来越吃紧,在上海这座"孤岛"上的生活非常艰辛。

日军给中国人发的粮食都很差。领到的大米根本没法叫作大米,多是糙米脱壳剩的皮,还要往里边掺一些沙子,黑色的沙子还好挑出来,但是那种和米颜色相近的,都要拿镊子细细挑。只要碰上有沿街卖米的,不管多贵都要买,因为太珍贵了。做饭要烧煤,煤场的煤也不好买,总是没有货。煤球里边还掺太多泥土,常常点不着火。遇见卖木柴的,也要赶紧买。

钱锺书回到上海后,先是和杨绛住在岳父家,直到本家的二弟、三弟和他们的妻儿都离居上海,房子宽裕些,他才带着杨绛和女儿搬回来住,一住就是八年。

钱锺书在震旦教课,年纪轻轻却声名日盛,收了两名弟子,有了束脩,生活宽裕了一些。虽然生活困苦,但是钱锺书和杨绛都是乐观的人。

第六章
惊才绝绝，安之若素

在战争的巨大压力之下，上海人的精神文化生活却越来越丰富，人们喜欢看话剧。话剧有着独特的力量、鲜活的故事，无形中将民众唤醒。人们在话剧中了解局势国情，看到未来和希望。话剧启迪人心，给人民以勇气和力量。根据统计，1942年，上海的剧团越来越多，剧场数量在一年之间就超过20家，演员更是如雨后春笋一般，有两百多人以此为生。

在戏剧界中，杨绛夫妇的好友李健吾、陈麟瑞都是个中高手，他们与文艺圈、戏剧界的名人黄佐临夫妇和柯灵等人主持了苦干剧团和上海职业剧团。也是通过李、陈二人的介绍，杨绛与他们认识。上海职业剧团开张后，一直缺少好剧本。当时，写剧本的人也并不多。

1942年冬天，陈麟瑞请杨绛夫妇去吃烤羊肉，李健吾作陪。这一天，大家围着柴火吃正宗的烤羊肉，需要拿着那种两尺多长的筷子，从火上的架子上取烤肉，然后夹在干饼中吃。陈麟瑞介绍，这种吃法是从蒙古人那里学来的。杨绛立刻想起了《云彩霞》和《晚宴》，故事中的蒙古王爷、王子的形象油然眼前了，她便绘声绘色地给大家讲了起来。陈麟瑞和李健吾听过之后，纷纷劝说杨绛写一个剧本。杨绛没有写过剧本，只是看过，便谦虚地推让了。当时，她也没想到自己后来会写剧本。

烤羊肉的事情过去后，杨绛还时常想起，对于写剧本这件事起了念头，于是试着写了一本。写出剧本后，她把初稿拿给陈麟

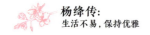

瑞看。陈麟瑞仔细看过之后，发现杨绛是有这方面的天赋的，故事也很有可塑性，只是在一些场景掌控技巧上面，还是需要调整一下。"你这个剧本，做独幕剧太长，做多幕剧又太短，内容不足，得改写。"得到了专业人士的认可和意见，杨绛信心倍增，再次提笔。经过调整，故事分成了四部分，也就是四幕剧，整体结构也更为紧凑，单是文字稿就已经引人入胜了。剧本完成了，杨绛将之取名为《称心如意》。杨绛创作的第一部话剧，就这样诞生了。

杨绛再次将剧本拿给陈麟瑞和李健吾看，两人都连声称赞，剧场那边立刻安排演出。1943年春天，《称心如意》登上了上海的舞台，由黄佐临任导演，李健吾亲自扮演徐朗斋的角色。杨绛的第一部话剧亮相，获得了满堂彩。

《称心如意》以20世纪30年代的大上海为背景，讲述一个孤女来上海投亲的故事，主人公李君玉寄人篱下、无依无靠，被势利的亲戚排挤，只有朗斋舅公爱护她，生活才终于称心如意了。

李君玉的母亲本是富家小姐，不听家里的安排，非要嫁给一个穷画家，离家之后与夫君一起去了北平，生下女儿李君玉。李君玉的父母去世后，本家来信要她回上海，她以为是亲人念亲，谁知道事情并不像她想的那么简单。

李君玉的大舅舅名叫赵祖荫，是一名银行经理，冷酷得不近

第六章
惊才绝绝,安之若素

人情,一直看不起李君玉和她穷画家出身的父亲。大舅母看到丈夫找的秘书一个比一个美貌,担心丈夫被年轻妖媚的秘书吸引,那样自己的地位就不保了,于是让李君玉去当秘书。大舅舅于情于理都没有办法拒绝,毕竟侄女是自己家人,只好把秘书辞退。虽然同意用李君玉了,他还是心有不甘,总是百般挑剔地找麻烦。大舅母虽然利用李君玉挡了丈夫的桃花,但是又不想让她住在自己家,就诓骗她,说二舅和二舅母喜欢她,让她去二舅家住。不久,表哥赵景荪喜欢上了李君玉,二舅妈不喜,赶紧把李君玉推到四舅家住。四舅名叫赵祖懋,为人不错,待李君玉也很好。四舅母热心于慈善,总想领养个孩子。赵祖懋就让李君玉写信给四舅母,谎称赵祖懋有外遇,并且有了孩子,想以此打消她领养孩子的念头。谁知道四舅母倒是不提领养孩子的事了,整日看着赵祖懋,片刻不离。李君玉在四舅家里也待不下去了。

自从到了十里洋场的上海滩,李君玉被所谓的亲人从这一家推到那一家,遍识了人情冷暖,谁知道在这最后一家,终于苦尽甘来。

舅公徐朗斋是一位巨富,但是没有儿女,万贯家财一直被亲戚觊觎,都想把自己的儿女过继给他。徐朗斋早就看清了这些人的嘴脸,所以任谁来说都油盐不进。李君玉在三位舅母的算计下,进了徐朗斋家,都以为几天就会被那个脾气古怪的老头子撵出来,谁知道竟然没有。

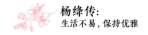
杨绛传：
生活不易，保持优雅

李君玉善良、温和，她静静地看着周围的一切。无论是大舅、大舅母一家对她的鄙夷和利用，还是二舅母一家的翻脸不认人，她都用一颗坚韧的内心忍耐下来。她虽然年轻，却很聪明，经历的多，自然也就见识不凡。她知道人情薄如纸，所以无论环境多么差，她都能一笑而过，她是一颗沧海遗珠，被世事打磨得越来越美。而舅公发现了她的真善美，给了她安身之处，从此她有了归属之地。李君玉自己也没有想到，舅舅、舅母们百般算计不成，最后的幸运儿却是她，真是"称心如意"。

《称心如意》成功上演，杨绛一举成名。

杨绛本名杨季康，在《称心如意》上演之前，需要做宣传海报，李健吾就问她的笔名，"季康"两个字读快了就是"绛"，杨绛灵机一动，就以此为笔名。海报出来后，编剧杨绛的名字十分醒目，杨绛之名，自此在上海亮相。

戏剧只有短短的几幕，却可以演绎人的一生。观者沉浸在故事的跌宕起伏中，沉浸在人物的喜怒哀乐中，不论现实中有多么残酷，戏剧中却总有希望在转角。就像莎士比亚曾经说过的："无论黑夜怎样悠长，白昼总会到来。"国人也在盼望着黎明的曙光，早日到来。

第六章
惊才绝绝，安之若素

2 好剧连连

混乱的时代中，更需要文化的力量，引导人重整乾坤。

在《称心如意》获得了极大的成功之后，杨绛又创作了经典喜剧《弄假成真》。剧中，杨绛的语言驾驭能力渐入臻境。她用最适度的语言表达人物的心理，从言谈举止上来描画人物，一个个人物形象都有着独具特色的戏剧性。

《弄假成真》的男主角是周大璋，留洋归来，虽然相貌堂堂，却家境贫寒，和寡母一起寄居在妹妹家。周大璋曾经在一家保险公司工作，整日得过且过，吊儿郎当。他向往上流社会的生活，就妄想娶个有钱人家的女儿，借此摆脱贫困。他认识了地产商人张祥甫的侄女张燕华，并通过她，认识了张祥甫的女儿张婉如，他幻想能够娶到这个有钱人的女儿，在二人间周旋。张燕华呢，她的确是经常出入地产商人张祥甫家，但是却并不是富家千金，只是寄居在张祥甫家。张燕华也以为嫁给周大璋就是嫁到了官宦之家，她就不用再寄人篱下了。阴差阳错下，有同一种念头的两个人凑到了一起，嫁娶如愿。此时，谎言已被揭穿，张燕华只好搬到了周大璋寄居的阁楼里，两人"弄假成真"了。

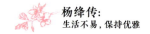

世上没有偶然的成功，机遇总是降临在有准备的人身上。杨绛的成功，不是一朝一夕得来的。不积跬步，无以至千里。没有多年来刻苦钻研文学的努力，何来深厚的语言功底？没有生活中观察入微，怎么会写出如此传神的作品？她用剧作家的眼睛，观察这个世界，用故事去启迪人心。

《称心如意》中掺杂了百态人生，满满的都是大上海的浮华与小市民的艰辛。当时正是新旧社会更替的特殊历史时期，杨绛曾提到："如果说，沦陷在日寇铁蹄下的老百姓，不妥协、不屈服就算反抗，不愁苦、不丧气就算顽强，那么这两个喜剧中的几声笑，也算我们在漫漫长夜的黑暗里始终没丧失信心，在艰苦的生活里始终保持着乐观的精神。"

由此可见，杨绛创作剧本的初衷，是为了缓和在沦陷区生活的人民那种沉痛、愁苦气氛，让人民心怀希望，多一些乐观的精神。

而在《弄假成真》中，杨绛却是通过剧中人物来警醒世人。沦陷时期的上海，有钱人纸醉金迷、贪图享乐，没钱人拜金求金、不择手段，杨绛在《弄假成真》中表达了对拜金主义和当时十里洋场中灯红酒绿的嘲讽。

杨绛的作品都是从生活中提炼出来的，是那个时代的缩影。

李健吾曾经给出这样的评价："假如中国有喜剧，真正的风俗喜剧，……，我不想夸张地说，但是我坚持地说，在现代中国文学里面，……《弄假成真》将是第二道里程碑。"柯灵也曾经

第六章
惊才绝绝,安之若素

发表评论:"一枝独秀的是杨绛。她的《称心如意》和《弄假成真》是喜剧的双璧,是中国话剧库中少有的好作品"。

《弄假成真》上演后,杨绛的父亲带着一大家子人去戏院看,回来后就问女儿:"这全是你编的?"杨绛点头称是,他就笑得合不拢嘴,看到女儿的成就,他很欣慰。

不久,杨荫杭带着杨绛的大姐和三姐、三姐夫一家回苏州老家了,当时有消息说上海将会遭到美军的轰炸。走之前,老父亲最放心不下的就是杨绛还有小女儿阿必,恋恋不舍,左右叮咛。

《弄假成真》之后,杨绛又创作了剧本《游戏人间》和《风絮》,笔下好剧连连,一时之间在戏剧界风头无二。杨绛每次到剧院看戏的时候,剧院都把第五排中间的位置留给她,那是最好的位置。

《游戏人间》讲的是一个刚毕业的男青年的故事。王庭璧自大学毕业后,就到工厂实习,他不安分,天天都东想西想,脑子里尽是些不合时宜的想法。他觉得生活太拘束,就以一种玩世不恭的态度来游戏人间。故事情节曲折离奇又合情合理,对白幽默风趣,人物个性鲜明,给观众留下很深的印象,剧作上演后即获得一致好评。

尽管赞声一片,杨绛自己却很谦虚,谈及这部剧的时候,总说不满意。

《风絮》是杨绛这一生唯一一部悲剧作品,讲的是青年知识分子方景山的故事。方景山是一个有志向的人,带着妻子到乡间

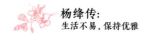

创办企业。他一心扑在事业上,难免有些忽略了妻子,还得罪了当地很有势力的人,遭到无妄之灾而入狱。妻子沈惠连为了救他出狱而努力奔走,好朋友唐叔远也一起多方联络、努力营救。这部戏就从这里开始了。

重见天日的方景山,经过一年的牢狱之灾,更加斗志昂扬,正要东山再起的时候,却发现妻子早就移情别恋了,而妻子外遇的对象,就是一起参与营救他出狱的好友。爱恨情仇,难分对错,这是一出人间悲剧。这出戏的三个主角都是好人,他们只是陷入感情的泥潭中,导致了悲剧的人生。

《风絮》是钱锺书起的名字,意为风中的杨絮。杨絮离开枝头,飘飘洒洒地随风而行,早晚要落地,隐喻人如风絮,要面对现实。戏剧的女主角由黄佐临的夫人丹尼出演,气质非常契合。

杨绛的喜剧中,有各种各样贪婪、自私、势利和虚伪的人,她在笑中揭露了人性的丑恶,嘲讽世态、谴责人心。而《风絮》则截然不同,里边有真爱,那是人性中好的一面。她在前面描写的爱情、友情有多美好,在后面以死亡告终、悲剧收尾的时候,就有多么让人痛彻心扉。就像鲁迅先生说的那样:"喜剧是将那没有价值的东西撕破给人看,而悲剧是将人生的有价值的东西毁灭给人看。"

无论喜剧还是悲剧,杨绛写的戏剧总是意义非凡、震撼人心、引人思辨。

杨绛的创作之路一帆风顺,名气一路攀升。杨绛熟读诗书,

第六章
惊才绝绝，安之若素

自然明白月满则亏、水满则溢的道理，在文艺圈、名利场中走了一遭，得到的荣誉都是浮云，终究会散。她淡泊明志，不为名利所累。

也许对她来说，本不求闻达于世，只要每天和爱人一起看日升日落，就非常开心了，这就是她的梦想，是令她最开心的一种生活状态。

3 伉俪情深

杨绛创作的几部作品连获殊荣，让她在剧坛大显身手，杨绛的名字也被时人津津乐道。惊才绝绝的她却安之若素，就在人人都称呼钱锺书为"杨绛的丈夫钱锺书"的时候，杨绛选择夫唱妇随。也正因如此，成就了钱锺书的绝世佳作《围城》，世人也改口称呼杨绛为"钱锺书的夫人杨绛"。

钱锺书对杨绛说起，他想要写一本长篇小说，这本书就是日后的《围城》，但是在当初还只是一个念头而已。杨绛听了之后，非常支持。人世间只有想不到的，没有做不到的。下定决心

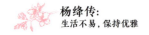

要做，就是成功的一半，不论是多么难的事情。

为了有更多的时间写作，钱锺书减少了在震旦女子文理学院的授课时间，这样的结果就是收入少了。恰逢佣人要回乡了，为了节约开支，杨绛开始亲力亲为地打理家中事务，把更多的时间放在家里。劈柴、生火、做饭、洗衣服等事情，杨绛一直都不太会，这一次却是甘之如饴地学着做。杨绛就是这样的人，为了心爱之人，别说是洗手做羹汤，哪怕是千难万险，也是甘之如饴的。

有一次，遇到煤厂有煤沫子卖，杨绛买了300斤回来，用这些煤沫子掺上煤灰自制成煤球，做完了才感到累得腰都直不起来了。为了节省煤球，杨绛把煤炉堂用泥重新改造，腰身改得细细的。煤球用完的时候，就用木头取暖。瘦弱的杨绛还学会用斧头劈柴，粗粗的木头，杨绛也能有技巧地劈开。

钱锺书的婶婶曾经称赞杨绛："大家闺秀，千金小姐，笔杆摇得，锅铲握得。外面名气那么大，在家什么粗活都干，真是上得厅堂，下得厨房，入水能游，出水能跳。宣哥痴人有痴福。""宣哥"是钱锺书的小名。

1944年，钱锺书开始动笔写《围城》，历时两年，终于完成。钱锺书在序中写道："两年里忧世伤生，屡想中止。由于杨绛女士不断督促，替我挡了许多事，省出时间来，得以锱铢积累地写完。"

有暖手的火，有干净的衣，有人为你黄昏而立，有人问你粥

第六章
惊才绝绝,安之若素

可温。正是有一个人在全心全意地照顾着他,他才能心无旁骛地专心写作。杨绛把钱锺书当成是她的一切,铭刻在心底,融进骨血,自然而然地就在日常生活中显现为行动,她万事以钱锺书为先,把照顾钱锺书的责任背负在自己的肩头。责任不是一件可以穿脱的衣服,而是骨肉相连般的,再也不能剥舍,这就是恩爱夫妻。

《围城》中的很多场景,钱锺书都是以他们在婚姻中经历过的场景为蓝本的。结婚的一幕,就与他和杨绛的婚礼相似,那个白色衣领被汗水浸透的新郎,就是结婚时的钱锺书翻版。

《围城》是一部具有跨时代意义的作品,是讽刺文学中的经典。"城里的人想冲出来,城外的人想冲进去,事业也罢,婚姻也罢,人生的目的大都如此。"这是杨绛为《围城》题的一句话,堪称经典。的确,人永远是在渴望着什么,企图满足自己那填不满的欲望。

钱锺书写《围城》的时候,每天晚上都把写好的稿子拿给杨绛看。他们的闺房之乐,总是围绕着文学创作。创作虽苦,他们却不觉得。不必海誓山盟,只要始终在身边,有共同的语言,就可以让人感到极致的幸福。

钱锺书的《围城》问世后,吸引了无数读者。芸芸众生,都在世态炎凉中求生存,所以读者会被故事中的人物感染,在其中找到切身体会。这样的一个作品,怎么能不家喻户晓,怎么能不青史留名?

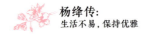

《围城》先是在《文艺复兴》杂志上连载，后来被选入《晨光文学丛书》出版发行。再后来，多家出版社出版发行，因供不应求而多次翻印。

李健吾看了《围城》，惊喜地说："这个做学问的书虫子怎么写起了小说呢？而且是一部讽世之作，一部新《儒林外史》！"

1945年3月，突然传来噩耗，杨绛的父亲杨荫杭在苏州老家病危。杨绛接到消息，急忙买票回家。当时的上海还在日本人的控制中，火车票根本买不到，只好买了汽车票。杨绛带着弟弟妹妹一起挤上汽车，往苏州赶。车到太仓，前方的路走不通了，一条河上的桥不知道怎么断了，一车人只好往回走。杨绛毫无办法地回了上海，一进家门，就看到家里人都一脸肃穆地坐在厅堂中。杨绛仿佛猜到了什么，又不敢去猜。

钱锺书走上前拉住了杨绛的手，低沉地说："刚才苏州来电话了，爸爸已经过去了。"一句话如旱天雷一般在杨绛的脑中震荡，她禁不住失声痛哭，她最爱的父亲离世了，一家人陷入巨大的悲痛之中。

杨荫杭在几个儿女中最疼她。所以父亲的离开，对杨绛的打击很大，令她几乎难以承受。终于赶回苏州，昔日堂前风光早已不在。杨绛就像自己还没出嫁时那样，默默地沏了一杯茶给父亲，无声地流下眼泪。

子女六人齐聚，最后送别了父亲，将父亲的灵柩由水路送往灵岩山绣谷公墓，与母亲合葬。至此，杨绛没有了父亲。钱锺书

第六章
惊才绝绝,安之若素

一直陪在杨绛的身边,安慰她。钱锺书一直不服气自己的父亲,但是却对杨绛的父亲颇为服气,两个人也能说到一起去。对于老岳丈的辞世,他也非常悲痛。

杨绛和几位兄弟姐妹商议之后,决定留下苏州老宅。这里虽然破落荒废,毕竟有太多儿时记忆,这是他们与父母共同生活的地方,处处都有着父母的影子,他们舍不得。大姐和三姐一家决定留在苏州,老八阿必和老七一家到无锡住了一段。杨绛夫妻和小弟一起回上海。

人的一生之中,总要经历生离死别,即便能以人力阻止生离,也无法阻挡死别。面对死亡,人才更懂得珍惜。父母不能陪伴子女一生,子女也不可能一直陪在父母身边,别等到离别之时,才发现子欲养而亲不待,只能空叹息。

4 苦尽甘来

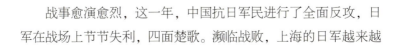

战事愈演愈烈,这一年,中国抗日军民进行了全面反攻,日军在战场上节节失利,四面楚歌。濒临战败,上海的日军越来越

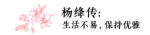
杨绛传:
生活不易,保持优雅

肆无忌惮,管控也越来越严格。岗哨林立,行人在接受盘查时,常常被无辜殴打,甚至被虐杀。日军发现农民偷偷卖米,便杀人示众。没有人卖黑市米,杨绛家里也断米了,幸好七妹妹想方设法从无锡捎来一袋子面粉,解了燃眉之急。

4月中,有一天上午,钱锺书到学校教课去了。杨绛在厨房洗菜,突然听到有人敲门,开门后,看到一个日本人和一个朝鲜人,杨绛一面请他们进来坐,一面趁着进屋倒茶的时候,把钱锺书写的《谈艺录》藏起来,随即若无其事地出门招呼二人喝茶。

日本人问明这一家姓钱,并且这里只住了一家人之后,就用日语打电话回宪兵部。钱锺书的叔叔在旁边无意中看到日本人的小本上面写着杨绛的名字,赶紧偷偷告诉杨绛,叫她出门躲一躲。杨绛就从后门出去,到大姐的朋友家去了,那个朋友刚好住在附近。杨绛等了半天,钱锺书的堂弟就来了。原来日本人找不到杨绛,就要把其他人抓走问话。杨绛让堂弟去弄堂口等钱锺书,告诉他不要回家,然后不慌不忙地借了一篮子鸡蛋回家了。她出来大半天,总要找个合理的借口。

杨绛回来的时候,日本人已经把他们住的屋子翻了个底朝天。看到杨绛走进来,厉声问道:"杨绛在哪?"杨绛说:"是我。"日本人非常生气地说:"那你为什么说姓钱?"杨绛假装无辜地回答:"我嫁到钱家了,当然姓钱啊!原来你们找我呀!怎么不早说?我跟你们走吧。"日本人要求她明天10点钟到宪兵司令部。

第六章
惊才绝绝,安之若素

家里的人全都被吓坏了,杨绛查看了一下自己的屋子,东西都被翻得乱七八糟,少了通讯录和宣传海报,还有一封剧团演员给她写的感谢信。杨绛心中庆幸,幸亏她先把《谈艺录》收起来了,否则一定会被日本人给毁了。那可是钱锺书的心血,是他最宝贝的东西。

第二天,杨绛胆战心惊地到了日本宪兵司令部,竟然意外地没有受到任何为难,只是填了一张表格,答了几句话。原来日本人要找的另有其人,本以为杨绛是那个人的化名,找到后才知道不是。

那段时间,空袭警报不断。杨绛家附近就是医院,每天早上开门都能看到有人被送往医院,血淋淋的场景。杨绛和钱锺书带着圆圆,一家人决定哪里都不去了,死也要一起死在家里。

1945年8月15日,终于等到了日本投降的消息,一家人抱在一起喜极而泣。杨绛想起了父亲,就差几个月,没有等到抗战胜利。屋外,整个上海笼罩在一片欢腾的气氛中,胜利的喜悦感染着一切,人们终于熬过来了。钱锺书安慰杨绛,父亲一定也为大家高兴,为国家而高兴。

漫漫长夜终于过去了,中华大地迎来了崭新的未来。

抗战胜利后,钱锺书辞去震旦女子文理学院的职务,到国立中央图书馆工作。这里文豪汇聚,钱锺书出任英文总纂兼任《书林季刊》的主编,担任中文总纂的是郑振铎。馆长徐洪宝非常欣赏钱锺书,曾说:"像钱锺书这样的人才,二三百年才出一个。"

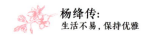
杨绛传：
生活不易，保持优雅

钱锺书家在上海，就在上海办公，但需每月到南京汇报一次工作进程。《书林季刊》的筹划时间紧凑，他常常早上坐车往南京去，晚上乘车折返。从1946年6月，杂志创刊发行，直至1948年8月杂志停刊，钱锺书发表了很多篇英文书评，深受各界人士的喜爱。

1946年夏天，暨南大学迁回上海，钱锺书应邀担任外文系教授，教"文学批评"和"欧美名著选读"，每周两三堂课，有学校专车接送。

英国文化委员会主任贺德立对钱锺书慕名已久，几次邀约被拒。终于，通过熟人介绍，贺德立见到了钱锺书。一番清谈过后，他对钱锺书佩服得五体投地。贺德立请钱锺书担任《英国文化丛书》编辑委员会的成员，这套书主要介绍英国人的思想、生活还有对文化的贡献。委员会的成员都非常有名，除了钱锺书和贺德立，还有当时的商务印书馆总经理兼光华大学校长朱经农，中国地理研究所研究员林超，地理学家、原西南联大地理系教授、《大公报》驻英特派员和战地记者萧乾。

《英国文化丛书》由商务印书馆出版发行，译者阵容强大，都是知名学者。杨绛也受邀编辑并翻译了其中一本——《一九三九年以来的英国散文作品》。这本书介绍的是英国的散文作品，但是涉及面非常广，历史、政治、经济、科学、宗教、文学等均有涉及，杨绛当时有很多也不懂，于是常常向钱锺书和英国朋友们请教，还有委员会的麦克利维也给了她很多帮助。

第六章
惊才绝绝,安之若素

杨绛看到钱锺书工作一帆风顺,收入也增加了,非常高兴。她也无须再做"灶下婢"了。1946年,她应邀出任震旦女子文理学院的教授,教授"英国小说""散文"等课程。

杨绛在震旦教课,闲暇之余就继续自己的创作,翻译了很多散文作品。

抗战胜利之初,上海的《观察》杂志就一直向杨绛约稿,杨绛曾翻译了一段哥尔德斯密斯的散文《世界公民》,并以《随铁大少回家》为题刊登在《观察》杂志上,得到了很多人赞赏。

杨绛写了很多散文,多数是应各大出版社、杂志社所邀,她自己谦虚地说:"随意即兴所写,自知没甚出色,多数没有留存。"《流浪儿》《风》《喝茶》《窗帘》《听话的艺术》等都是非常好的作品,可惜当时留下的稿子不多。

岁月匆匆,熬过了抗战十四年,将侵略者驱逐出境,国人再次成为自己的主人。尘埃落定,所有苦难的日子都已成过往,杨绛和钱锺书苦尽甘来,开始了他们学者夫妇的新生涯。一元复始,万象更新,他们将一起在学者之路上走得更远。

第七章 京华烟云,浮生若梦

1 见素抱朴

有才能的人,有更多的人脉,也有更多的机遇。像杨绛夫妇这样,面对众多诱惑,依然"安心行我路,不为名与利"的学者,不多。也正因为如此,他们才没有被拉入社会的大染缸,陷入平庸。

杨绛与钱锺书有很多机会离开祖国,去寻找更为奢华、舒适的生活,甚至可以有更为适合做学问的环境,但是他们都拒绝了。

联合国教科文组织曾向杨绛和钱锺书抛来橄榄枝,朱家骅以联合国教育文化会议首席代表的身份邀请他们去联合国任职。世界知名学府牛津大学的汉学家斯伯丁来信,邀请他们去英国执教,来自牛津大学的邀约不只这一次。

钱锺书给牛津同窗好友的信上曾写道:"Still, one's lot is with one's own people."翻译过来就是"人的遭遇,终究是和祖国人民结连在一起的。"这是钱锺书的真实想法。

第七章
京华烟云,浮生若梦

这对学者夫妇在个人去留问题上,意志坚决。他们想做什么就做什么,一切依自己的意志与原则为主,从不为虚名所累,更无畏艰难险阻。从1938年,他们在国难当头的时刻,毅然决然地选择回国,到1949年,新中国成立前夕,他们的选择从来没有改变过。有些知识分子,选择台湾,选择国民党;还有些知识分子,选择资本主义发达国家。杨绛和钱锺书的选择,始终如一。他们只选择坚守在祖国的土地上,等待新中国的太阳。

战争的苦难没有磨灭他们的意志,反而让他们更加热爱自己的祖国。他们不爱唱高调,嘴上不喊爱国,只用行动去表达。他们不逃跑,不远离父母之邦,不抛弃家人朋友。若国家不强大,即便跑出去,也是仰人鼻息,他们有文人的傲骨,他们不愿意那样。

人,能够按照自己的意愿过日子,就是幸福的。杨绛夫妇很幸运,有这个能力,也有这个胆识。

杨绛和钱锺书收到了清华大学的约聘书。拿着这份聘书,最为感触的是钱锺书,他与清华的渊源颇深,在清华读书,在清华认识杨绛,在清华执教。自从离开清华之后,那里就成为他魂牵梦萦的地方,所以对于清华大学的邀约,他非常高兴。彼时的杨绛,是震旦女子文理学院外文系教授。听从清华大学的召唤,两个人辞去现职,一起北上清华。

1949年8月24日,杨绛夫妇带上女儿圆圆,登上了北上的列车。中共上海市委统战部周而复亲自帮他们买的软卧车票。两

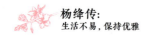

天后,他们再次踏上北京的土地,这是他们再熟悉不过的地方了。到了北京,他们先到杨绛的堂姐杨保康家里落脚。

当时外文系的系主任名为赵诏熊,他安排钱锺书教大二的英文,负责"西洋文学史"和"经典文学之哲学"两门外文课,同时兼管外文研究所事宜。很快,他们有了新的住所,就在新林院七号乙。旁边住了林徽因、梁思成、霍秉全、潘光旦、林超等先生。校方很重视钱锺书,每个月的工资为1100斤小米,只比系主任少20斤,比其他同级的同事多很多。外文系的事情,教务长也常来征求钱锺书的意见。

1949年10月1日,毛泽东在北京天安门的城楼上,宣布中华人民共和国成立,一时之间举国共庆。为了这一天,祖国大地上的人民已经盼了太久。第二年,《毛泽东选集》出版了,随后中共中央决定成立《毛泽东选集》英文编译委员会,委员会事关重大,由徐永焕任主任一职,急需英文专家学者加入。

彼时,钱锺书已在清华教了一年的书。一天,乔冠华突然来访,提出请他加入《毛泽东选集》英文编译委员会。于是,钱锺书在1950年8月的时候,被借调到中共中央《毛泽东选集》英译委员会工作,翻译《毛泽东选集》。《毛泽东选集》编译委员会地址在北京西城堂子胡同,钱锺书在此工作期间,每周末还要回清华指导研究生,直至他们毕业。事情定下来的时候,一位旧友特登门祝贺,钱锺书诚惶诚恐,等对方走后他和杨绛说:"他以为我要做'南书房行走'了。这件事不是好做的,不求有

第七章
京华烟云,浮生若梦

功,但求无过。"

清华大学文学院院长金岳霖也是委员会的一员,陆陆续续地又有十多位学术界的名流翘楚加入进来:南开大学英语系教授、芝加哥大学教育心理学博士胡毅,毕业于哈佛大学、曾任教燕京大学和南开大学的陈振汉,曾经在美国威斯康星大学研究欧美文学的陈逵,时代出版社的英文编辑沈国芬,人民文学出版社英文组组长王仲英,北京大学西语系教师袁可嘉,人民文学出版社外文部编辑黄雨石(钱锺书的学生)等。

在毛选委员会中,分工明确。钱锺书负责翻译的部分包括:《星星之火,可以燎原》《为动员一切力量争取抗战胜利而斗争》和《政治问题和边界党的任务》等。作为译者,首先要通读全文,做到读精、读透,成竹在胸后落笔翻译,翻译完成还要相互校正,再经过若干次集体的校勘,才最终定稿。

有一次,遇到翻译"吃一堑,长一智"这一句,大家都不知道怎么翻译合适,钱锺书不假思索地说:"A fall into the pit, a gain into your wit."译文对仗工整,还巧妙地具有中文押韵的特点,众人交口称赞。

中文博大精深,翻译工作常常是在反复修改,杨绛笑着说他们是《奥德赛》中的女主角在织布,一直处于一种织了拆,拆完再织的状态。好在钱锺书的理念就是"无功无过,尽心尽力",如果译稿被否定了,就再修改。有一点非常让人佩服,那就是钱锺书非常认真,有争议的东西可以改,但是明知是错误就

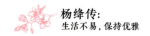

一定直言不讳,即便是原文有不对的地方,他也敢于提出质疑。这就是学者精神。秉持着"不冒尖、多做事"的原则,钱锺书的工作一帆风顺。

翻译人员在一间大办公室工作,每周开会,要学习马列主义,但不要求说心得体会。这里的人少,自然会议也不多。钱锺书的日常是白天紧锣密鼓地工作,晚上就去逛旧书店,有富余的时间就读书。钱锺书翻译得快,别人要做一天的翻译工作,他半天就译完了,剩下的时间都可以自由看书,对此他十分开心。

黄雨石是钱锺书在清华大学带的研究生,毕业之后也入选委员会,常常协助老师的工作。黄雨石曾说:"钱先生不看电影不看戏,似乎除去读书,没有其他爱好或任何消遣的玩意儿。中南海的宴会请帖,他从来未去参加,总把时间腾出来用在读书上,从不肯轻易浪费一点点。"

还有一次,钱锺书和几个年轻人一起逛书店。钱锺书边翻着手边的书边说:"雨石,你在这儿,如果能找到一本我没读过的书,我就不算是你的老师。"于是几个年轻人都兴奋起来,四处翻生僻的书来考老师。谁知道钱锺书真的都能答对,所有人都钦佩不已。

第七章
京华烟云，浮生若梦

2 清华为师

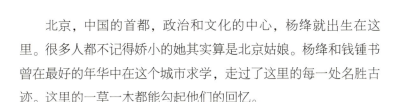

北京，中国的首都，政治和文化的中心，杨绛就出生在这里。很多人都不记得娇小的她其实算是北京姑娘。杨绛和钱锺书曾在最好的年华中在这个城市求学，走过了这里的每一处名胜古迹。这里的一草一木都能勾起他们的回忆。

走入阔别多年的清华大学，漫步在魂牵梦绕的清华园，杨绛想起母亲唐须嫈。母亲在世的时候，常常取笑她说："阿季脚上拴着月下老人的红丝呢，所以心心念念只想考清华。"母亲已经离开了那么多年，不知她要是知道杨绛又回到清华，会说什么样的话。也许是叶落归根，漂泊已久的杨绛再也没有离开这个地方。

杨绛教授英国文学，这是她最擅长的。多年前，她在英国图书馆中读过的那些书，都在她记忆的殿堂中守候多时，威廉·莎士比亚、查尔斯·狄更斯、夏洛蒂·勃朗特，还有拜伦、雪莱等人，这些名字都在她脑中深藏已久，如今她终于可以大展所长。

清华大学有一个规定，夫妻不能同时在校当专职教授。钱锺书到清华后是专职教授，于是杨绛便以兼职的身份在校任职，即

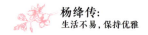

杨绛传:
生活不易，保持优雅

便大家都知道她完全有资格当一名专职教授，但是碍于规定，也只能如此。

外文系有一位老师，只能教学生把中文翻译成英文，却不能教学生把英文翻译成中文，于是系领导就找杨绛商量让她来教，她欣然应允。杨绛的英文水平极高，教课却不贪快只求认真，所以学生们都学得很扎实，她也很受学生喜爱。

杨绛在清华大学兼职教课，虽然只是"散工"，算不上正职，但是却可以免去很多公事和会议。所以后来当清华改革制度，请她做专职教授的时候，她也只愿意当一名兼职的"散工"。如此，她有更多的自由时间可以做更多自己喜欢的事情。她喜欢读书，偶然读到一本16世纪中期的西班牙小说《托美思河的小拉撒路》，很是喜欢，于是就把全书翻译出来。后来这部小说译文以《小癞子》为名出版了。

《小癞子》讲述了一个流浪孤儿的故事。卑贱贫苦的孩子流浪漂泊，领略了人间疾苦。小癞子的主人，有死爱面子、装腔作势的绅士，有虚伪无耻、兜售免罪符的教徒，还有卖水的神父和画手鼓的主人。小癞子的奇遇，作者用幽默讽刺的笔法写就，众生之相跃然而出，社会各个阶层的人物都被描摹得惟妙惟肖，一针见血地揭露了当时社会的腐败与人性的阴暗。

杨绛对欧洲文学名著如数家珍，深厚的文学底蕴、高超的文字驾驭能力，让她将《小癞子》翻译得非常流畅生动，那些幽默俏皮的讥笑，那些本相毕露的描述，她在忠实于原作的同时，

第七章
京华烟云，浮生若梦

用极为传神的笔法译成。

1950年4月，杨绛翻译的《小癞子》正式出版发行，后来重印多次。《小癞子》在文学史上被各国一致推崇为"流浪汉小说"中的开山之作，而翻译这部作品，是杨绛翻译生涯的一个开端。从那时起的近30年的时间中，杨绛翻译了无数佳作，惠泽后世。

对于翻译，杨绛只是做了自己喜欢做的事情，不迎合，不谀上，也不媚俗，从心而行。

当时流行穿列宁装，但是杨绛却喜欢穿旗袍。在当时清一色的列宁装衬托下，杨绛那些做工精良的旗袍，无疑让她更引人瞩目。杨绛撑着一把洋伞，穿着旗袍，微笑着走在清华的校园中，浑身都散发着优雅的气息。登上三尺讲台，英国文学从杨绛口中娓娓道来，留下了一抹让学生难忘的倩影。

美是没有绝对的定义的，而是应该有很多维度，不是只有容貌之美，还有精致之美、力量之美、野性之美或者投入之美。杨绛该是智识之美，她没有绝世容颜，但是她的智慧与学识让她闪亮。毕竟是江南女子，雅致是融到骨子里的，她没有因为生活的磨难而变得粗糙，反而被打磨得愈加美丽。

杨绛，一个见多识广、学识渊博的女子，走入人生最鼎盛的时节。清华为师，她知足恬淡、潜心学问、励志修身。

钱锺书欣赏杨绛，在他的眼里，杨绛是最好的妻子，更是交心的朋友。有一次钱锺书在友人王辛笛家做客，友人笑着问他

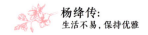

"uxorious"是什么意思。钱锺书说不知道。原来这个词的意思是溺爱自己的妻子,也就是"誉妻癖"。友人怎么会不知道什么意思,分明拿他打趣呢。

晚上回家后,钱锺书就把这件事情和杨绛说了。杨绛好奇地问:"你誉我没有啊?"钱锺书理直气壮地回答:"我誉了。"杨绛笑着追问:"你誉我什么啦?"钱锺书说了三件往事。

"一件是《称心如意》上演,杨绛一夜成名,可是你还和以前一样,一点没变,就像什么也没发生,照旧烧饭洗衣,照顾我。

"一件是日本人来抓你,你应付得那么沉着,把他们引进厅堂,又假装倒茶,三步并两步地上楼把《谈艺录》的稿子藏好。日本人传唤你到宪兵司令部问讯,我都很担心,你却很镇静,平时睡眠不好,可是那天晚上你睡得很香。

"还有,你那次买回一桶煤油,阿菊把煤油炉灌得太满,溢得到处都是;一点火,油全燃了,火舌窜得老高,快到天花板了,周边堆着干柴,一旦点燃后果不堪设想。阿菊早已发呆,我和阿圆也吓得大叫'娘快来,快点来!'你过来一看,火势凶猛,用被子浸水已来不及,灵机一动,顺手抄起一个尿壶倒扣下去,火柱立刻灭下,又铲起炉灰,扑灭周围剩下的小火舌,一下子全压住了。一场大祸被你给止住了……"

钱锺书这边滔滔不绝,杨绛却听得不好意思了,连忙打断他说:"快别说了,呆大!"

第七章
京华烟云，浮生若梦

杨绛就像是一株翠竹，绿叶葱郁、高雅清幽、中空外直、虚怀若谷。竹子扎根地上，"咬定青山不放松，立根原在破岩中。千磨万击还坚劲，任尔东西南北风"。风雨中，才让人感受到杨绛竹子一般的胸怀，她用竹子一般的淡定和坚韧，成为家里的精神支柱。

3 悠然一家

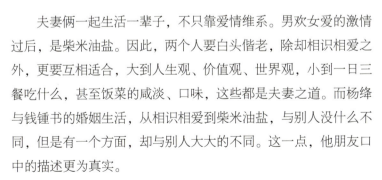

夫妻俩一起生活一辈子，不只靠爱情维系。男欢女爱的激情过后，是柴米油盐。因此，两个人要白头偕老，除却相识相爱之外，更要互相适合，大到人生观、价值观、世界观，小到一日三餐吃什么，甚至饭菜的咸淡、口味，这些都是夫妻之道。而杨绛与钱锺书的婚姻生活，从相识相爱到柴米油盐，与别人没什么不同，但是有一个方面，却与别人大大的不同。这一点，他朋友口中的描述更为真实。

黄裳也是有名的作家、记者，是钱锺书的好友，钱锺书夫妇到北京之后，他到北京出差的时候曾经去二人住所探望他们，也

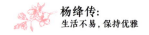

看到了这对学者伉俪是如何的挑灯夜读。

钱锺书和杨绛住在清华的一处教授住宅中,没有家具的屋子有点清冷,屋子中间摆放着一张长方形的西式餐桌,只有两个长条箱子竖起来充当座椅,长桌上面堆着两摞书,钱锺书与杨绛一起坐在桌子的两边静静读书,还有一只花猫趴在垫子上。

这幅画面在一些俗人眼中,似乎是有些清贫、平淡了,但是他们自己却不觉得。他们每天都在读书进步,每天都有新的体会可以一起谈论,这样的相处才是学者伉俪天长地久的日常。杨绛与钱锺书每天除去上课之外,就是读书,晚上是他们一起挑灯夜读的好时光。幸福未必是丰盛的物质,也可以是内心的富足,是裹在俗尘杂事中的浓情蜜意。

小花猫是从保康姐家抱回来的,取名"花花儿",常常趴在客厅睡觉。杨绛喜欢这只花猫,还将花花儿写出来:"默存和我住在清华的时候养一只猫,皮毛不如大白①,智力远在大白之上。那是我亲戚从城里抱来的一只小郎猫,才满月,刚断奶。它妈妈是白色长毛的纯波斯种,这儿子却是黑白杂色:背上三个黑圆,一条黑尾巴,四只黑爪子,脸上有匀匀的两个黑半圆,像时髦人戴的大黑眼镜,大得遮去半个脸,不过它连耳朵也是黑的。它是圆脸,灰蓝眼珠,眼神之美不输大白……"

定居北京之后,圆圆有了正式的学名,钱锺书和杨绛没有按

---

① 杨绛幼年在苏州时养的猫。

第七章
京华烟云,浮生若梦

照族谱排名来取,而是直接把她的小名化为学名,于是有了"钱瑗"这个名字。她在上海刚刚读完初中一年级,到北京就应该读初二了。但是根据规定,钱瑗年岁不够,只能继续读初一。杨绛看着小钱瑗,踌躇起来。重读初一浪费时间,而且钱瑗体弱,她也不愿意孩子太辛苦了,于是就自己教她初二、初三的课程,将来直接报考高中。钱瑗在家学习,也不是第一次了。

小时候的圆圆一直体弱多病,几乎成了杨绛的心病。1947年的时候,圆圆右手的食指突然关节胀大,经医生诊断为骨结核。医生告诉杨绛,这种病是没有药可以治愈的,大人以为小孩子不懂事,没想到小小的圆圆当时就听懂了,回到家就哭着和妈妈说:"我要害死你们了。"幸好,当时已经过了抗战时期,家里条件好了,给孩子吃了很多营养品和维生素,钱瑗在床上休养了10个月后,总算是好起来了。圆圆的小学课程,因为常常生病的原因,大半都是在家里跟母亲学的。

1948年7月,钱锺书的爷爷百岁冥寿,钱锺书和杨绛曾带上圆圆回无锡老家聚会。钱家人一同欢聚,非常热闹。圆圆这一趟,还被爷爷钱基博称赞为钱家"读书种子"。

圆圆喜静,不喜欢跑跑闹闹,于是躲在厢房里边看书。厢房的柜子里有一摞《少年》杂志,圆圆看得津津有味。当时爷爷在床上午睡,圆圆蹑手蹑脚地帮忙盖被子。过了一会,钱老夫子睡醒了,看到有个小女孩在旁边看书,就问她是谁,看到她在读书,又考问了几句学问方面的问题。圆圆当时已经11岁了,读

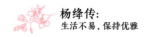

过《水浒传》《西游记》等名著。钱老夫子一时之间大为惊喜，惊呼："吾家读书种子，惟健汝一人耳！"

夫妻俩都是名家学者，教孩子的初中课程自然很轻松，只要给钱瑗制定好了学习计划，按部就班即可。钱瑗每天要用毛笔写两页大字，再用英文写一篇作文，由爸爸负责指正；数、理、化则由妈妈教。钱瑗每天的学习任务不多，有大把的时间出去玩，足迹遍布整个清华园。庄严肃穆的礼堂，高耸入云的气象台，停着旧飞机的废弃院子，垂花门后的古月堂，大片的草坪，荷花池畔的苍松古柏，钱瑗觉得"世界上最美丽的地方就是水木清华"。

钱瑗特别喜欢音乐，所以最喜欢去清华灰楼的音乐厅。那里有琴房，每个月缴纳一元钱，每天可以练琴一小时，钱瑗总觉得一个小时过得太快，常常见到琴房空着就去弹。因为弹琴，还有一次落下了作业，没有写完毛笔字。怀着侥幸的心理，她把之前写的充数交上，结果被爸爸发现了，狠狠地批评了她一顿。经过这一次事，钱瑗明白了一个道理，不论是做人还是做学问，都要老老实实，把"真"放在第一位。

钱瑗是个孝顺的孩子。有一晚，钱瑗发低烧，杨绛就让她早点睡，但是她惦记着要陪母亲去温德先生家里，就强撑着，她担心母亲一个人走夜路害怕。还有一次，快入冬的时候，钱瑗偷偷去雪地里把煤堆里的猫屎弄干净了，因为她知道妈妈一定不让她干活，就总是悄悄地帮家里干活。

第七章
京华烟云，浮生若梦

钱瑗从小就聪明，擅长读书，但也会有遇到问题的时候。有一次钱瑗遇到了不懂的问题，就跑去问爸爸。钱锺书没有给她答案，而是让她自己去查。于是，钱瑗就去书上找答案，查了一本没有就再查第二本，就这样直到查了五本，才找到正确的答案。钱锺书用心良苦，他在教女儿如何做学问，答案要自己去寻找。

1951年秋天，钱瑗顺利考上了女二十中，也就是原贝满女中，成为一名高中生。因为要进城读书，钱瑗开始住校，周末休息才回清华园，而此时的钱锺书因被借调进城工作，也是周末才回来，所以平时只有杨绛在家，幸好还有小花猫花花儿陪着。在爱猫这一点上，一家三口倒是和已经过世的杨荫杭如出一辙。

花花儿非常听话，终日跟在杨绛脚前脚后，一起吃饭，一起睡觉，还很会抓耗子。有一天下午，杨绛赶着去上下午课，走出门不远就看到了花花儿，"嗷嗷"怪叫着探身往灌木丛中走。花花儿也看到了杨绛，立刻细声细气地叫着走过来，杨绛立刻失笑。杨绛要去上课，就赶花花儿走了，小猫咪很聪明，站定了看着杨绛走开。这只聪明小猫陪了他们一段时日，在后来搬家的时候走失了。

钱锺书也爱猫，在《容安室休沐杂咏》中有他纪念这只小猫的诗文："音书人事本萧条，广论何心续孝标。应是有情无着处，春风蛱蝶忆儿猫。"意思是说，人与人之间的书信来往越来越少了，也没有什么心情去续写《广绝交》，心中的情感不知何处寄托，春天的风吹过，想起了那只走失的小猫。

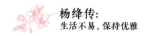

杨绛一家人的生活,如画卷般美好,画中有严父慈母举案齐眉,有聪慧爱儿以孝为先,还有一只灵猫做伴,更添喜趣。这种无忧无虑、悠然自在的家常生活,如同陶渊明笔下的"采菊东篱下,悠然见南山"一般,羡煞旁人。

4 无妄之灾

杨绛一家人美好而平静的生活没有持续太久,轰轰烈烈的知识分子改造运动就开始了,首当其冲的就是身在京津的知识分子们。

1951年9月29日,周恩来总理率先在京津高校教师会议上做了报告,题目为《关于知识分子的改造问题》。周总理讲了作为一名知识分子,该如何确定自己的革命立场、观点和方法,号召全体教职人员展开批评与自我批评,为成为文化战线上的战士而努力。北京大学的教授们率先跟进,响应党的号召,发起教员学习运动。一石入水,层层涟漪荡漾开来。

1951年11月30日,中共中央发布《关于在学校中进行思想

第七章
京华烟云,浮生若梦

改造和组织清理工作的指示》,指明全部教职人员和高中以上学生都要进行思想改造,旨在肃清反革命分子。12月1日,中共中央提出《关于实行精兵简政、增产节约、反对贪污、反对浪费和反对官僚主义的决定》,全国范围的"反贪污、反浪费、反官僚主义"开始。

对于知识分子的思想改造,主要是从观念上改变,同时加强学习力度,也就是"脱裤子、割尾巴"。文人斯文,听不惯这种话,于是就称之为"洗澡"。杨绛后来写了一部长篇小说《洗澡》,就是以此为大背景来创作的。《洗澡》被施蛰存誉为"半部《红楼梦》加上半部《儒林外史》",可见用词造句之精妙。

知识分子对于这种突如其来的思想运动很不理解。杨绛在小说《洗澡》中,借用人物朱千里之口说出了些真心话:"这和我全不相干。我不是官,哪来的官僚主义?我月月领工资,除了工资,他家的一个子儿也不沾边,贪污什么?我连自己的薪水都没法浪费呢!一个月五块钱的零用,烟卷都买不起,买了便宜烟叶子抽抽烟斗,还叫我怎么节约!"小说只是故事,但是现实却更加残酷。

政治问题是很严肃的问题,杨绛是不理解的,也不愿意沾的。钱伟长曾经指出,杨绛不肯说一句有关政治的话,根本就不学习进步,还当面笑说要改造她。费孝通连忙打圆场说,还是不要了。

思想改造运动与"三反"运动进行得如火如荼,清华园不

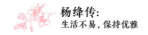

见书声琅琅,批判狂潮汹涌而至。运动分为三个阶段,动员阶段、讨论阶段、声讨阶段,这些杨绛都亲身经历过。

动员阶段,主要是大家对思想做一个统一认识,大家的气氛还是比较轻松的。

讨论阶段,气氛已经非常严肃,大家背靠背地调查个人是否有和资本主义沾边。

声讨阶段,如果没什么问题,就可以为之骄傲,如果有问题的,就要被声讨控诉了。

杨绛的声讨大会开始之前,她一点都不紧张。因为无论是老师还是学生,大家都觉得她的问题很简单,既不"向上爬",也不"混饭吃",工作认真,相夫教子,只是对于新中国没有一种主人翁的积极性。杨绛的检讨也就是从这点说一说,顺利通过了。

晚上,怀着轻松的心情,杨绛接受了一位亲戚的邀约,一起去参加声讨大会,没想到此行却惹来一场无妄之灾。

有一个杨绛觉得根本没见过的女同学走上台前,声嘶力竭地控诉杨绛:"杨季康先生上课不讲工人,专谈恋爱。"情势急转直下,几千名师生一起将眼光落在杨绛身上。于是"杨季康先生上课的内容"被添油加醋,摊在众人眼前。她那位亲戚也不知道跑到哪里去了,杨绛只好眼观鼻、鼻观心,当听不到。

"杨季康先生教导我们,恋爱应当吃不下饭,睡不着觉。""杨季康先生教导我们,见了情人应当脸色发白,腿发软。""杨

第七章
京华烟云，浮生若梦

季康先生甚至教导我们，结了婚的女人也应当谈恋爱。"……

会议结束后，杨绛孤零零地走出礼堂，好像进入一个真空地带。四周是窃窃私语，隐约听到有人在说："还不如我们无才无能呢！"当真是人心似水，民动如烟。

吴达元是外文系的主任，他走到杨绛身边问："你真的说了那些话吗？"杨绛回答："你想吧，我会吗？"吴达元肯定地说："你不会。"他心里清楚，杨绛是一位学识渊博的女先生，说话很有分寸，这样优秀的老师是不会说那些话的。

回家之后，钱锺书和钱瑗都不在，杨绛一个人躺在床上想着今天的事情，心想："假如我是一个娇嫩的女人，我还有什么脸见人呢？我只好关门上吊啊！"转念又想："季布壮士，受辱而不羞，因为'欲有所用其未足也'。"于是释然，想着自己也没有什么大志向，算了，只是难免还有些愤愤不平，真是遭了无妄之灾。

杨绛在《我们仨》中曾经写下过关于"三反"运动的只言片语：'三反'是旧知识分子第一次受到的改造运动，对我们是'触及灵魂的'。我们闭塞顽固，以为'江山易改，本性难移'，人不能改造。可是我们惊愕地发现，'发动起来的群众'，就像通了电的机器人，都随着按钮统一行动，都不是个人了。人都变了。"

平凡之人总是随波逐流，被那些世俗框架改变了原本的观念，进而改变了自己对人、对事的态度，人云亦云。只有坚守本

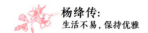

心的人，才能够始终如一、不忘初心。

　　杨绛的生活改变了，很多人对她不理不睬，但也有人始终如一。她没有想太多，因为生活还是要继续的，也没有过于在意旁人的想法，这个世界的围观者太多了，很多是那种自己都没过好，还妄图置喙他人的人。豁达的心胸让杨绛并不在意。

第八章 跌宕岁月,与世沉浮

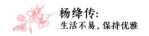

1 离开清华

在那一场思想大会之后,《人民日报》上刊登了一则新闻,点名杨绛先生是上课专门讲谈恋爱的。杨绛知道后,不以为然,自己的名气不大,就是点名了也没几个人认识她。

原以为经此一事,下学期必定没有人选修她的课了,谁知道学生不仅没少反而增加了不少,看着多出的十几个学生,杨绛心里五味杂陈,暗想:"这是不是也算名人效应?"人生在世,谁没有一些说不出的委屈呢?每当受尽屈辱的时候,她就当作是一场磨炼。

杨绛就像一株韧竹,竹随风动,根却不动,终有一日风平浪静时,她再傲然挺立。

"洗澡"运动热火朝天,并不是所有人都能够在这场运动中平安度过,比如高崇熙。高崇熙1919年在清华留美预备学校读书,后留学美国威斯康星大学化学系,获得了博士学位。回国之后,一直在清华大学教书,1950年出任研究所的所长,是清华

第八章
跌宕岁月，与世沉浮

大学化学系的领军人物，更是新中国化学界的启蒙人。

杨绛与高崇熙的夫人交好，高夫人为人热情，擅长交际，高崇熙却很内向。两家夫人常常来往，渐渐地，两对夫妇成了好朋友。

1952年2月11日，杨绛和钱锺书去高崇熙夫妇家里串门。那一天，他们出了清华的南校门，穿过一片麦田，步行到高崇熙夫妇住处去。高崇熙夫妇原来也住在清华的宿舍，但是后来因为工作需要，就搬到校外的实验工厂里边。到了高家，钱锺书看到高崇熙，什么都没有做，独自一人坐在那里发呆。这很奇怪，因为高崇熙平时在家里不是在看书，就是在工作。对于老朋友的来访，高崇熙愣了一下，然后请他们坐，还倒水给他们喝。高夫人不在家，进城里去了。宾主落座后，钱锺书关心地问高崇熙最近怎么样，毕竟这段时间哪里都是搞运动的。高崇熙没有细说，只是简单地回答："没什么事，快完了。"可是他的表情却很不自然，给人一种强颜欢笑的感觉。杨绛心想他们来的可能不是时候，于是说只是路过看看，很快要走的。

钱锺书和杨绛稍坐了一会儿就告辞了，高崇熙没有留客，但是却好像恋恋不舍一样送出很远。从客厅、走廊、院子一直送到单位大门口，还脚步不停地往前送，还是钱锺书再三说不用送了，他才终于在单位大门口停下，一直看着钱锺书夫妇走入金灿灿的麦田小路。

回家的路上，杨绛说高先生有点奇怪，钱锺书也觉得今天的

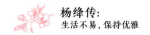

高大哥和平时不一样,两夫妻边走边聊。杨绛说,也许高大哥有事情,没时间接待他们。钱锺书说,去的时候他明明是没看书、没事做,就在那里干坐着呢。杨绛说,他好像不想被打扰。钱锺书说他送了又送的,简直是恋恋不舍地。两个人思前想后的,也没想明白是怎么回事,于是作罢。

2月12日,高崇熙自杀了,他服下了氰酸。高太太发现的时候,人已经变色了。消息是13日传到杨绛和钱锺书夫妇这里的,他们是高崇熙生前最后接待的客人。想到那一天会面的情景,夫妻俩非常后悔没有多和高大哥聊一聊,也许劝一劝,他就不会想不开了。

事情发生之后,一时之间被传得沸沸扬扬,原来高崇熙被诬蔑偷拿了公家的白金坩埚,他是一死以证清白。这简直是滑天下之大稽。据高先生的弟子说:"高先生在暑假的时候总是一个人到化学馆加班,制作化学实验器材。那时候从美国进口一个蒸馏瓶要6.5元,可是高先生自己做的话只要0.2元。为了给学校省钱,高先生总是默默地付出。"

高崇熙在清华那些年,做出的事情没有人不称赞。为了学校、为了化学系,他殚精竭虑。根据清华的规定,教授服务五年之后,可以到国外进修一年,享受公费留学的待遇,而高崇熙早就达到年限了,却迟迟没有出国进修,要么把机会留给同仁,要么就是因公放弃。

高崇熙先生为中国的化学事业做出了巨大的贡献。作为清华

第八章
跌宕岁月，与世沉浮

大学化学系的创办者，他的声望极高，虽然不擅交际，但颇受敬重。人言可畏，至刚易折，也许他到死都不能理解自己为什么会被无辜诬陷。

清华大学的发展与变迁，始终连着新中国的命运，更牵动着那一代知识分子的命运。因"三反"运动，学校停课了，几乎每天都要开会，党组织号召大家一起坦白自己的问题。随后，每个人都要填表格，把个人的特长和志愿都报上去，等候组织上重新安排工作。高等学校院系在全国范围内做大的调整。杨绛在《洗澡》中写道："当时文学研究社不拘一格采集的人才，如今经过清洗，都安插到各个岗位上去了。"就是指这件事。

1952年的下半年，根据《关于改革学制的决定》，以培养工业建设人才和师资力量为宗旨，重整教育体系。整个模式是学习苏联的一套，清华大学在这场调整中变成了一所工科高校。

1953年初，杨绛和钱锺书服从组织上的调度，被安排到北京大学文学研究所工作，职务从教授调整为研究员。文学研究所所长郑振铎是文化部的副部长，副所长何其芳主持日常工作。杨绛和钱锺书离开了清华大学，离开了三尺讲坛，这是清华大学的损失，更是莘莘学子的遗憾。但对于当时的他们来说，未尝不是一件好事。杨绛被学生批判后一直心有余悸，而钱锺书的性格也更适合做学问，所以他们是欢欢喜喜地去报到的。

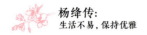

2 广场观礼

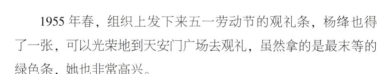

1955年春,组织上发下来五一劳动节的观礼条,杨绛也得了一张,可以光荣地到天安门广场去观礼,虽然拿的是最末等的绿色条,她也非常高兴。

5月1日清晨,杨绛早早地就赶到集合地点,上了大汽车后,满眼都是戴着红条、橙黄条的同志,突然她看到了一个也戴着绿条的女同志,喜出望外,连忙过去坐到她身边。戴红条的女同志都穿着套装,神采飞扬,一看就是经常参加活动的先进分子。与杨绛同座的那位绿条同志人很随和,两个人下车后一起去了洗手间。

三个戴红条的女同志下车后就熟门熟道地先去上厕所,杨绛她们两个人连忙也跟了过去。这里的厕所很宽敞,或者应该称之为盥洗室,几个洁白的洗手池,墙上挂着明亮的镜子,隐隐有熏香的味道传来。出来的时候,三位红条女士已经不见踪影,幸好绿条好伙伴还在等着她,于是她们一起往观礼台走去。

穿过天安门大街,在广场上找到指定位置的观礼台,开始等候观礼。这一天的天气太好了,艳阳高照,晴空万里,可是杨绛

第八章
跌宕岁月，与世沉浮

的个子小，在人堆里，除去人们手里拿着的纸花，什么都看不到。远远听见有人在说："来了，来了!"慌忙抻脖子看，还是什么都看不到，幸好还能听到游行队伍喊的口号声。随着声音由远及近，突然一群白鸽飞起来，伴着五颜六色的氢气球，煞是好看。有些氢气球的下面，还挂了长长的标语。

杨绛在观礼的队伍中，听着震天的口号声，看着潮水般的群众，感觉到了一个人的渺小，也感叹群众的力量是多么大。虽然离得远，个子又不高，踮起脚也看不到伟人，但也的确体会到一种激情澎湃的感觉，内心久久不能平静。

杨绛在工作之余，一直坚持翻译名著。法国18世纪作家勒萨日的代表作《吉尔·布拉斯》，中文版就以杨绛翻译的为佳。

勒萨日出身不错，性情倨傲，当过律师，后以写作为生。勒萨日写的剧本《主仆争风》和《杜卡莱先生》都非常有名，深得大众喜爱。他的小说以长篇巨作《吉尔·布拉斯》最为经典，是18世纪最优秀的现实主义小说之一，让勒萨日在世界文学史上留下名号。杨绛非常喜欢勒萨日的作品。

《吉尔·布拉斯》是以第一人称方式写作的，主人公吉尔·布拉斯是一个家境贫寒的少年，出生于封建制度崩溃之前的法国。勒萨日用自述的手法将这个少年的发迹史展现在人们面前。少年聪明伶俐、勤劳努力，他侍奉了一个又一个的主人，一步一步向上爬，封爵后成为有权有势的人。

《吉尔·布拉斯》也属于流浪汉小说，但是主人公与其他此

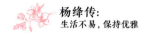

类小说的主人公又略有不同,他受过一些教育,也没有贫穷到挨饿。吉尔·布拉斯总能随机应变,无论是佣人、医生、管家还是秘书,什么职业他都能做得有模有样。吉尔·布拉斯有一个优点,就是他从不气馁,无论处境多么艰难,他始终心怀希望,保持一颗积极向上的心。毛头小伙子刚刚走出乡村时,被人歧视,他用心去看、去学,变成了一个聪明伶俐的小子。为了生存,他做过佣人;也能无耻至极,为了当一个名绅士而摆出清高的样子。每一次身份的转变都是一种蜕变。

勒萨日将吉尔·布拉斯的个性在对他言谈举止的描写中体现出来。从本质上来看,吉尔·布拉斯的个性始终没变,他一直是那个在危急关头什么下流勾当都干的人,干完之后受到良心的谴责,再关心他人疾苦,做好人好事。这些都是因为他身处腐朽没落的封建社会,为了生存,他只能是一个利己主义者。

主人公一生的轨迹几乎包含了所有阶层,所以小说牵扯的方面很广泛,可谓包罗万象。如此宏大的小说,情节复杂、人物众多,结构却非常严谨,读者可随着主人公的视角看遍法国社会的很多角落,光明与黑暗都在其中。

杨绛十分用心地翻译《吉尔·布拉斯》,47万字的巨作全部译完之后,又让钱锺书帮忙校对了一遍。钱锺书对待学问认真到了极致,他拿着铅笔在译稿上打叉,问他打叉的缘由,他也不说有什么错误,就只说这里看不懂。多年夫妻,杨绛明白他的意思,打叉就是指这处翻译得不好,于是把所有打叉的地方重新翻

第八章
跌宕岁月,与世沉浮

译了,钱锺书再读的时候就点头了。

1956年,杨绛的《吉尔·布拉斯》中文译本出版发行,她为这本书写了一篇序。当时流行一种框架式的写序方法,不写作家或作品,只写五点:时代和背景;思想性;艺术性;局限性;影响。这种犹如"八股文"式样的序,杨绛称其为"五点文",杨绛写完总觉得没有写透,于是在这本书第二次印刷的时候又写了一篇《补"五点文"——介绍〈吉尔·布拉斯〉》。

《吉尔·布拉斯》译本一经面世就得到了一致好评,没多久就被抢购一空,出版社立刻找杨绛协商再版事宜,而杨绛却偏偏觉得很多地方还想再修改一下,出版方没有办法,只有同意修改后再印。直到1959年9月,《吉尔·布拉斯》的译本才得以再次面世。

1956年,文学所召开学术讨论会,杨绛和钱锺书都在参会人员之列。会上,大家对何其芳的《论阿Q》展开了讨论。何其芳在文中通过三个方面来论证自己的观点:第一,典型性人物特征不是阶级性所代表的;第二,典型人物的突出特点不是全部性格特点;第三,人物突出特点可能是阶级特征,但是不排除别的阶级的人物性格也有相同特征。

钱锺书夫妇也赞同何其芳的观点,并且在会上发言说明。钱锺书认为,阿Q精神在很多作品中都有,古今中外的文学大家都写过,比如《儒林外史》《女店东》《夸大的兵》等,钱锺书还一一列举其中人物,以佐证自己的观点。杨绛也在会上说,身处

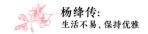

不同阶级的人物,也可以是同一类型的,比如个性粗暴的人,哪个阶级都有;个性善良的人,也不是只有一个阶级有。

在学术上,人人都有权利表达自己的观点,各抒己见才能群策群力。杨绛夫妻只是单纯地就《论阿Q》这一文章发表言论,没有想过反对谁或者是针对谁,却没想到这番言论会被人断章取义,为日后被批判留下了隐患。

3 书斋生活

杨绛和钱锺书从清华园搬到中关园的时候,分到一处平房,面积不大。他们给书房起了一个名字叫"容安室"。陶渊明有一句"倚南窗以寄傲,审容膝之易安",意思是说靠着窗子观景,在景色中寄托傲世情怀,房间虽小却很开心。他们给书房取名"容安"二字,可见其心性意味。

钱锺书写了一组诗作,题为《容安室休沐杂咏》,从这些诗句中,可以看出夫妻俩的书斋生活是何模样。

"曲屏掩映乱书堆,家具无多位置才。容膝易安随处可,不

第八章
跌宕岁月,与世沉浮

须三经羡归来。"

两个爱书成癖的人,到哪里都是一屋子的书。蒋恩钿夫妇送给他们一扇屏风,正好可以把客厅隔出一个小小的书房,正是"曲屏掩映乱书堆"。他们的家具确实不多,沙发、红木几和两个凳子都是七妹妹送的。在这个艰难的特殊时期,他们"不须三经羡归来",隐居无欲,只愿能够"容膝易安随处可",斗室可安。

"醇酒醉人春气味,酥油委地懒形模。日迟身困差无客,午枕犹堪了睡逋。"

宋代的程致道诗中曾经写过:"春风如醇酒,著物物不知。"钱锺书的诗中,春天也是如此美好。春天的气味就像是醇香的美酒一样,醉人心扉,让人慵懒得站不稳脚。困了,正好没有客人来访,美美地睡一觉。

"袅袅鹅黄已可攀,梢头月上足盘桓。垂杨合是君家树,并作先生五柳看。"

刚搬到中关园的时候,那里是新区,没有一点绿色,杨绛带钱瑗出去买了几棵柳树,栽种在新家的门前。"袅袅鹅黄已可攀,梢头月上足盘桓"写的是月上柳梢的美景;"垂杨合是君家树,并作先生五柳看"这一句,钱锺书是在向五柳先生陶渊明致敬,并自比五柳先生来激励自己。他写了这一句妙语后,乐呵呵地念给杨绛听。

钱锺书的诗,每一首都非常精妙,处处都藏着典故,句句都

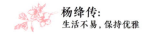
杨绛传：
生活不易，保持优雅

有深意，既描写了他们的生活场景，也展现了他们的精神状态。万人如海一身藏，他们这是中隐隐于市，在自己的小天地中过着隐逸的生活。读书、做笔记、沉思，这是他们的自由小天堂。在心灵的净土中，他们选择宁静生活，独善其身，这种自慰也是自卫，他们有着知识分子的智慧。

外面的世界是不平静的，只有这书斋是他们最喜欢的地方。杨绛就在这一方天地中读书、写作、翻译。然而，世事难料，一场又一场的运动，如同雪崩一般袭来，文化、伦理、道德都滑向了崩溃的深渊，身在其中的每个人都要接受命运的洗练。

1957年，党号召知识分子和学生给国家提意见，主张"知无不言、言无不尽"，言明"言者无罪、闻者足戒"。这在当时有一个很特别的说法叫作"鸣放"，不少人都"鸣放"了，但是杨绛和钱锺书对此保持沉默，即便先后有多人来动员他们"鸣放"，他们也没有动摇。不管外边如何波涛汹涌，夫妻俩就是关起门来过日子，饭少出去吃，话也几乎不讲，谨小慎微。

不久，反对资产阶级右派分子的反右运动开始了。根据《关于整风运动的指示》，发起了反对官僚主义、宗派主义和主观主义的整风运动。那些"鸣放"的人都被划为"右派"，冯钟璞说杨绛夫妇实在是有先见之明。

也是在这一年，杨绛写的《斐尔丁在小说方面的理论与实践》发表了，刊登在文学所的季刊——《文学研究》上面，后来改名为《斐尔丁的小说理论》。在这篇文章中，杨绛旁征博引

第八章
跌宕岁月，与世沉浮

地写了很多西方早期小说的特点，都在文章注释中详细说明，目的就是让人们更加明确论据线索，她的文章非常严谨，结构清晰，但是有点不合时宜。

当时的文人都以"阶级分析"为切入点写文章，杨绛的这篇文章却没有按套路去写，自然引起一些人的注意。

1958年的时候，有人写了一篇专门批判杨绛这一作品的文章，称其为"白旗"。作者认为这篇文章不能帮助大家正确地理解斐尔丁，杨绛歪曲了斐尔丁作品的真正意义，还介绍了很多资本主义观点。这篇批判文的作者熟知时下的"行情"，点出杨绛文中没有写出斐尔丁作品中的阶级内容，认为杨绛烦琐的引证、对比等写作手法，都是舍本逐末，言辞犀利地表明杨绛之文势必带来有害的影响。

杨绛的学术论文是在"反右"这一年发表的，而钱锺书的《宋诗选注》是在第二年出版的，两人凑成了"双反"。

杨绛和钱锺书是研究中国古代文学和外国文学的，按照当时的说法，这是封建迷信和资本主义的东西，他们的一切学术行为都被看作是"公开放毒，荼毒群众"。"拔白旗"运动开始后，杨绛夫妇都榜上有名，两个人都是"白旗"。可怜杨绛这小小的"白旗"，终日被"拔"得不成样子，杨绛心里苦不堪言。文学所开批判大会的时候，杨绛和钱锺书低头端坐，不言不辩，只是用沉默来应对。

杨绛和钱锺书只爱做学问，也只关心这点儿事儿，所以他们

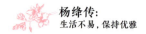

希望和政治保持距离,可惜社会离不开政治,生活在社会中的人也离不开政治。

4 好奇下乡

1958年,文学所安排大家下乡改造,地点就在北京郊区。杨绛所在的外文组有10多个人都要去,杨绛在第一批下乡的名单中。

杨绛是自己主动要求去的,因为有规定45岁以上的女同志可以不用下乡改造,而问其原因更是让人跌破眼镜——好奇。杨绛一直没有在乡间生活过,所以她很好奇乡下人是怎样生活的。一家三口中,女儿钱瑗已经去工厂炼钢,钱锺书的下乡时间是下个月,所以独留家中也没有什么意思。

带上铺盖卷,拎着一个包,杨绛坐上了下乡的长途汽车,一行20多人就往郊区开去。等到地方后,大家就急急忙忙地往公社赶,男同志走在前面,不一会儿就看不到影儿了,剩下几个女

第八章
跌宕岁月，与世沉浮

同志在后边。杨绛的体力差，拼命跟也是最后一个到公社。幸好这里就一条路，也不会走丢。随后进行人员分派，杨绛被分到了太和庄，队长名叫蔡仪，一起到这个山村的还有王芸生、罗大冈、陈友琴、李健吾、石真，五男两女开始了乡下生活。

刚进村的那天，几个人鱼贯而行，王老先生看到一位农村姑娘，样子和蒙娜丽莎特别像，悄声和大家打趣，后来几个人都叫这个姑娘"蒙娜丽莎"。还有一位老人，人长得高、瘦、黑，还有一脸胡子，手里撑一根竹竿望天，于是被大家称为"堂吉诃德先生"。来到农村，大家的内心都很惴惴不安，聊天逗趣后就好多了。

公社生活很有规律，每天和老大妈们一起收玉米粒，需要用一根木棍砸玉米棒子，玉米粒就会被敲得脱落下来，休息的时候大家三三两两地坐下，也会说说笑笑的。杨绛还学会了推独轮车，稳稳地上坡、下坡。公社的人对他们几个人很友好，安排的也不是太累的活儿。

公社提供大锅饭，每天都到食堂用餐，东西都是新鲜美味的，就是有些单调。早餐和晚餐都是玉米渣煮白薯块，午餐是窝窝头、白薯。开始的时候，大家都吃得很开心，后来吃久了也不换菜，大家看着白薯都直皱眉。有一次，杨绛梦见了两个荷包蛋，但是她不喜油腻，就推说不要，结果就醒了。早上和大家聊天的时候说了这个梦，大家都说她太笨了，就应该先吃着嘛。

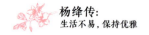
杨绛传:
生活不易,保持优雅

在村里,住是一个大难题。杨绛等人到这里后,先在一间冷炕上临时住了一晚上,第二天就搬到公社的缝纫室。这里有一张竹榻,竹榻上面用四根木桩架一块木板,就有两层可以睡了。两个女同志中,石真体形偏胖,因此杨绛只好睡在上面。杨绛每天都要登上竹榻,爬过柱子,才能在小小的木板顶上躺下休息,即便瘦小如杨绛,也是翻身都容易掉下来。后来,村子里边办了个托儿所,杨绛和石真就搬到这里了,暖和的大火炕睡觉很香,就是有时候铺盖卷可能会被小孩子弄脏。

下乡之后有一个特殊的难题,那就是上厕所。乡间的厕所都是两块板子,颤颤巍巍地架在那儿,每次上厕所都让人担心会失足掉到粪坑里边。

原本在城里的人,都不觉得用水有什么难的,到农村才知道,在这里用水都要到很远的水井去打水。经过这么辛苦的过程,谁也不舍得洗手、洗脸,用水之处都是以吃、喝为主。于是,自从到了乡间,为了省水,队上的几个人都没有好好地清洁自己,整整两个月没有洗澡。后来实在是觉得太脏了,就挑水回来烧水简单洗洗,因为总要换换衣服的。

杨绛和钱锺书已经很多年没有分开了,从杨绛下乡走后,钱锺书每天都很想她,于是他们又过起了恋爱时鸿雁传书的生活。钱锺书每天写一封信给杨绛,纸上字小行密,句句情意绵绵。过了一个月后,钱锺书也下乡了,只好改为每周写一封信,毕竟条

第八章
跌宕岁月，与世沉浮

件太艰苦了。

"以离思而论，行者每不如居者之专笃，亦犹思妇之望远常较劳人之念家为深挚。此所以'惆怅独归'，其情更凄戚于踽凉长往也……"钱锺书的思念都在这字里行间，杨绛收到来信，总是读很多遍，那些话在心头辗转寄托情思。信就更是舍不得扔，时常翻看。可惜不敢留下，都给火神烧去了，毕竟经历过"运动"的人，都怕有什么无妄之灾的。

乡下的生活虽然清苦，但是也满足了杨绛的好奇心。她在这里见到了形形色色的人，农民是淳朴的，他们时常挂着憨厚的笑容。有一位老奶奶，看到杨绛就拉着她说："哎哟，才来这么几天，就没有原来光滑了。"说着还会牵着杨绛的手，摸摸她的脸。

那位被他们命名"堂吉诃德"的人，后来刮掉了胡子。原来并不是一个老者，反而面容清秀。熟悉之后，还偷偷地给他们开小灶，送些好吃的。

杨绛和"蒙娜丽莎"也熟悉了，"蒙娜丽莎"还有一个妹妹，有一次不小心摔了一跤，杨绛赶紧把自己带到乡下的药给她抹上。"蒙娜丽莎"家很穷，连一块裹伤口的布都找不出来。杨绛走的时候，姐妹俩送了很远，舍不得她走。

回京之前，队里开会总结，互相提意见，杨绛得到的评语中有一句是"能和老乡打成一片"，这句话着实让她高兴。可见，不管是在哪里，不论是什么身份，只要待人真诚，总会收获到真

挚的感情。

  这个世界很大,如果不走出去,人就会以为自己知道的是全部,心存偏见,是谓狭隘。不同的人,生长在不同的环境,活得自然也是五花八门的。"下乡对我大有好处。我对老乡更能了解,更能亲近。农民跟知识分子和工商界差不多,各式各样,也有很刁的农民,只是乡里人比较朴实。"杨绛感恩自己来过这里,也很高兴能认识并了解他们的生活,她有一颗阳光般的心。

第九章 十年动荡,磨砺人生

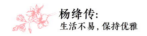

1 劫难开始

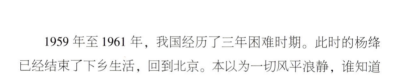

1959年至1961年,我国经历了三年困难时期。此时的杨绛已经结束了下乡生活,回到北京。本以为一切风平浪静,谁知道更大的磨难才刚刚开始。

1959年,杨绛写了《论萨克雷〈名利场〉》,萨克雷是19世纪英国著名小说家,成名作即为广为人知的《名利场》。这篇《论萨克雷〈名利场〉》,后来在《文学遗产》期刊上发表。有人问过杨绛,被当"白旗"拔了之后,怎么还要写文章。杨绛回答:"别人不了解,写文章也会上瘾的,有话要说就想写,因为手痒。"

杨绛在《论萨克雷〈名利场〉》中,以马克思和车尔尼雪夫斯基的论述作为开篇之论,随后以当时文人写作常用的阶级分析方法作为几点方向,实事求是地做了客观评论。《名利场》本身就是揭露资本主义的丑陋相,骄奢淫逸、追名逐利之徒云集,所以杨绛的评论中有一些资本主义方面的言论,于是在文章发表之

第九章
十年动荡,磨砺人生

后,杨绛又被人扣上了鼓吹资本主义的资产阶级帽子。

虽然文章总是被批判,但是杨绛的翻译能力还是被各方认可的。因《吉尔·布拉斯》中译本获得了社会的一致好评,外国古典文学名著丛书编委会请杨绛翻译《堂吉诃德》,根据文学所领导的指示,杨绛着手翻译这部世界名作。

《堂吉诃德》是一部西班牙作品,当时市面上已经有了英译本和法译本,杨绛一口气找出5个版本来,全部都读过之后,发现同一处内容的翻译都不太一样,于是犯了难。5个译本都是很有名的人翻译的,编委会的领导告诉杨绛,自行选择一本译为中文即可,杨绛左挑右选地拿不定主意,因为每本都各有优点和缺点。在做学问的事情上,杨绛一直是一个追求完美的人,最后她决定对照原文来翻译,尽管那时杨绛还不会西班牙文。任何一个译本都不能完全代表原作,如果对照译本翻译,必定离原作愈远,要想忠于原作,就只有对照原作来进行中文翻译。

杨绛开始自学西班牙文。学了两年后,1961年,杨绛正式开始翻译《堂吉诃德》。她选择最具权威的西班牙皇家学院出版的版本。到1966年的时候,翻译工作完成约四分之三,随后因为"文革",整部作品直到1976年才全部完成。

1966年,三年困难时期已经过去,第三个五年计划即将开始,"无产阶级文化大革命"开始,风暴席卷了中华大地。

6月1日,《人民日报》头版头条发表社论《横扫一切牛鬼蛇神》。"牛鬼蛇神"是佛教中的一个名词,意指地狱中的邪魔

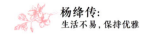

鬼怪，在文学上也有用这个词语来做比喻的。这篇社论横空出世后，"牛鬼蛇神"变成了一个政治概念。后来，还衍生出了"牛棚"一词，专指那些关押受改造者的场所。

"人类历史上空前的这一场无产阶级文化大革命的开展和胜利，敲响了中国土地上残存的资本主义势力的丧钟，也敲响了帝国主义、现代修正主义和一切反动派的丧钟。你们的日子不会长久了。……保证我们将由社会主义胜利地过渡到伟大的共产主义！"这是该社论最后一段的部分内容，自此全国范围的"文革"开始了。《横扫一切牛鬼蛇神》是"文革"的开篇之作。

8月1日，中共八届十一中全会召开。8月8日，全会通过《关于无产阶级文化大革命的决定》，《决定》指出"要斗垮走资本主义道路的当权派""敢字当头，发动群众""让群众在运动中自己教育自己""革命不能那样雅致，那样文质彬彬，那样温良恭俭让"。

8月9日，杨绛被"敢"字当头的群众揪出来了。紧随其后，钱锺书也被揪出来了。同一时期被揪出来的还有李健吾、罗念生、卞之琳、邹荻帆等人，他们一起被关在一间空落落的办公室里。

所里召开全员大会，所有被揪出来的人都站在台前，群众激情澎湃地控诉着他们的"罪行"，然后又热烈地讨论下一步如何"革命"。

杨绛等人的待遇也在会上定下来了：没有工资，存款冻结，

第九章

十年动荡,磨砺人生

每个月给很少生活费;每天上班时候要在身上挂一个牌子,写上自己的名字、身份和所犯罪行;组成劳动队,每天在监管下劳作。除去这些,还有一些小规定,如不准撑洋伞、不准穿皮鞋、不准吃肉、不准喝牛奶等。

晚上回家后,杨绛和钱锺书就做了牌子,相视苦笑,难以想象自己怎么会落到这样的地步。有一天,下着大雨,"牛鬼蛇神"又被召集起来,一起到"牛棚"接受红卫兵的批斗。每人头上都被戴上一顶高帽,高帽用报纸糊成,上面写着"国民党特务""反动学术权威""黑帮"等。杨绛也被押着上台示众,她和钱锺书的帽子上写的字是一样的,都是"资产阶级学术权威"。

这样的时候越来越多,杨绛和钱锺书有时候单独被批斗,有时候一起被批斗。不论是谁,都可以欺辱他们。还有个说法叫"揪斗",批斗、揪斗于杨绛夫妇来说就如家常便饭,每天都会发生,难以想象人的尊严会被摧残到何种地步。人最基本的生活需要和安全都不能保证,就更不用提其他了。

不论"文革"的初衷是什么,许多人人性中卑劣的部分都被激发出来了,他们摧毁那些美好的、弱小的、自己没有的东西,展现了愚蠢、贪婪、虚伪和自私,他们进入了一个无比荒谬的状态,大多数人都被催眠了,只有少数人还保持清醒。

杨绛知道,面对这些,只要扛着就好。因为这个时候没有什么其他能做的,只需坚持扛下去,一切终将过去。

2 心有坚毅

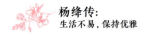

文学所原来有一个临时工,大家都叫她小刘,主要负责打扫卫生。"文革"期间,小刘成了领导,管理诸位"牛鬼蛇神",杨绛、钱锺书、俞平伯、何其芳、陈翔鹤等几人都成了小刘的手下。于是工作任务也对调了。杨绛负责扫厕所,而钱锺书就负责扫院子,每天的工作除了劳动就是写检查,文学所所有的研究工作都停了。

杨绛没有一点犹豫地投入到工作中。先是仔细看一遍厕所,处处污秽、长年累月没有好好打扫过的样子。一个在写作、翻译上追求完美的人,哪怕扫厕所也同样用心。杨绛去找了一些趁手的工具,比如小刀片、小铲子、抹布、去污粉、墩布等,又找来两个盆,然后用近10天的时间,将厕所打扫得干干净净。门窗内外一尘不染,斑驳的陶瓷亮出了白底,连水箱也一点灰也没有。每天到单位之后,杨绛首先给厕所通风换气,这里不再是需要捂着鼻子进来、急急忙忙走的地方。所有如厕的人都很吃惊,

第九章

十年动荡，磨砺人生

吃惊之余，也都对杨绛心生敬佩之情。

别人都觉得打扫厕所是个苦差事，但是杨绛却能苦中作乐。首先就是满足自己的乐趣，她每天把厕所打扫得干干净净的，可以把这里当成书房，干完活儿就躲在里边看书。第二，这里毕竟是厕所，那些红卫兵、革命群众没事不来转悠。第三，在厕所，处理纸是完全没有问题的。那个年代，各种文件、信件都不好处理，烧的时候冒烟立刻可能有人冲进来，撕掉扔垃圾堆里边也有人扒出来。杨绛一直是一个乐观的人，扫厕所也能找出这么多好处。

乐观是一种心态，不是让人强颜欢笑，而是让人从正面思考，积极面对生活，毕竟任何事情都有它的两面性。

杨绛把家中很多文件、家信都找出来，一一销毁。因为不知道哪张纸上，就可能写着一个被批斗的理由。杨绛和小妹妹杨必感情很好，姐妹之间常常通信，又因为都是熟读诗书的文学高手，所以家信常引经据典，嬉笑之间也没什么忌讳，所以这些家信也是"危险品"。杨绛担心被人看去，说不定会被解读成什么反动的意思，于是哪天若想到哪里有家信，就打着手电趁夜把东西找出来，第二天拿到单位去烧。因在厕所工作，烧厕纸有专门的炉子，所以烧纸还是很方便的。

对"牛鬼蛇神"的监控越来越严厉，为了防止他们到处"放毒""扩散毒素"，他们被集中到文学所三楼。文学所本来是两层楼，房顶有一个放杂物的大房间，"牛鬼蛇神"被

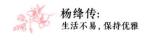

集中到此地的时候,这里就被临时起名为"三楼"了。谁要是"更上一层楼",那就是被赶到这里了,成为没有尊严和自由的另类。

"三楼"原本是放杂物的,到这里之后,众人先洒扫了一番,将杂物清理一下,就开始面壁。每个人都被勒令对墙而坐,端端正正地面壁思过,不能说话。钱锺书也在"三楼"面壁思过,每天扫完院子就过来。

在一众"牛鬼蛇神"之中,杨绛的年龄、地位都不高,所以常常是陪衬。只有一次,她在为她而开的批斗会上当了主角。

那件事的起因是一张关于钱锺书的大字报。狂热的群众要"清理阶级队伍",将钱锺书的"罪名"罗列出来,贴出了一张醒目的大字报。听到这个消息,杨绛就跑去看大字报上的内容,她震惊地看到上面的内容竟然无中生有、颠倒黑白。钱锺书是《毛泽东选集》外文编委会的一员,但是大字报上竟然说他书桌上没有摆放《毛泽东选集》,还说钱锺书自己不同意摆放,原因是他觉得"会弄脏桌子"。看到大字报的内容,钱锺书自己也觉得莫名其妙,而且这个罪名往深了说,太大了。

杨绛写了一张小字报,连夜去贴到大字报的旁边,为钱锺书申辩,希望大家能够查明真相,还他清白。小字报贴出后的第二天,群众沸腾起来,杨绛被揪到千人大会的台前,质问她的声音此起彼伏。

有人问:"给钱锺书通风报信的是谁?"杨绛回答:"是我。"

第九章
十年动荡,磨砺人生

又有一个人问:"打着手电贴小字报的是谁?"杨绛争辩道:"我是提供线索,让同志们据实调查。"台下的人斥责道:"谁是你的同志?"看到杨绛没有低头认罪,人们于是变本加厉。杨绛没有被气焰嚣张的人压下去:"就是不符合事实!就是不符合事实!……"她边喊边跺脚,丝毫不让。

杨绛的身形娇小,一直和颜悦色,说话也是慢条斯理的,由于出身于书香门第,受过高等教育,举手投足之间都是温文尔雅的。这是第一次,她不顾形象,用一种决绝的方式高声喊出自己的愤怒。

尊严尽失,卑躬屈膝,按下头颅,却不能按住人心。杨绛喊出的是她对丈夫的深情厚谊,更是她刚正不阿、坚韧无畏的精神。

群众把杨绛推到外面去游街。她狼狈不堪地走到街上,发丝凌乱、脸色苍白,脖子上套着一块发霉的木板,一手拿着一面铜锣,一手拿着一根棒槌,边走边把铜锣敲得震天响。走几步就高喊一声:"我是资产阶级知识分子!"无论她多么狼狈,我想那一幕在钱锺书眼中必然是最美的样子。

心上有一个人,才会在苦难日子里边,不会感到心空空落落的,才会在支离破碎的生活中有所希望。大仲马说过,"等待"和"希望",人类的一切智慧都在这四个字里了。永远不要失去希望,举步维艰,仍然要一步一步向前走。

钱锺书的事情,后来有红卫兵去调查了,那张大字报上所写

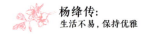

的内容确实没有什么真凭实据,问题查清楚了,事情也就不了了之。

3 艰难求生

在那个时期,人人都在漩涡中浮浮沉沉、苦苦挣扎。只有经历过"文革"的人,才知道那时生活的艰难。

有天傍晚,天马上要黑了,"牛鬼蛇神"又被勒令站在大院中挨批,有人用皮带抽打着他们。杨绛满头的秀发被扯得狼狈不堪,一个恶毒的女人把她的头发剪掉了一截。钱锺书的后背满是鼻涕、唾沫,浸透了薄薄的夏衫。批斗了一会儿,他们被推着围成一圈,脱掉鞋袜,弯着腰绕圈走,一个扶着一个,如果停步或者直起身子,立刻有鞭子奉上。就在这种野蛮而残暴的虐待下,他们不知道走了多少圈,柔嫩的脚底已经不成样子。直到人群散去,才终于可以回家了。

在精神和肉体的双重打击下,能够坚持的都是强者。毕竟在

第九章
十年动荡，磨砺人生

生活中，放弃是很容易的，活着才是最难的。

第二天，太阳照常升起。杨绛被押着干活儿，扫地还算是比较轻松的活计，但是押着她的那个姑娘拿着一条杨柳树枝做成的鞭子，时不时地抽她。杨绛背上被抽得生疼，就回头说："你爸爸和我们是一样的。"那个姑娘瞪着眼睛说："他和你们才不一样呢！"又一鞭子打了过来。原来她爸爸是个识时务的人，靠上了有权势的人，确实和杨绛他们是不一样的人。

面对浩劫，每个人都有不一样的面孔。杨绛和钱锺书是有原则的人，如果什么都做不了，起码要做一个不同流合污的好人。

有一天，钱锺书沮丧地回家了，头发给人剃了两道，画出个"十"字，怪模怪样的。杨绛赶紧帮他改发型，为了抹掉那个十字，几乎成了和尚头。有一个和钱锺书一起被剃头的，因为发型被剃得太惨了，只好去理发店。理发店不但不给他剃头，还侮辱性地给他扣上纸篓，命令他戴着回家。钱锺书的发型问题暂时得到解决，没想到过了几天就轮到杨绛了。

1966年8月27日，这天上午，杨绛最宝贝的《堂吉诃德》的翻译稿被没收了，晚上，她被强制性地剃成了阴阳头。这一天，杨绛回家的时候，刚走进院子就看到几个人正在挨批斗，想收脚已经来不及了，因为有个眼尖的老大娘一声暴喝喊出了她的名字，于是杨绛夫妇都作为陪斗者站到前面。那个曾经用杨柳枝鞭子抽打她的姑娘，拿出一把剪刀，把杨绛和另两位挨批斗的老

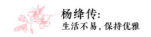

太太的半边头发都剃去。还有一个妇女,含泪求饶,免于剃头之灾。杨绛却不愿意求饶,就沉默着任由头发被剪掉大半。

另外两个剃头的人,一位是退休老干部,完全可以躲在家里不出门;一位是中学校长,出门有工装穿,戴上干部帽别人就看不到了。只有杨绛既不能待家里不上班,又没有帽子,第二天可怎么办呀。

杨绛苦恼着,突然灵机一动想出了一个办法。女儿钱瑗曾经换过发型,把大长辫子剪掉了,乌黑油亮的长辫子没舍得扔,杨绛就收到柜子里边了,现在正好拿出来救急呀。她找出辫子,足足忙乎了一晚上,才把辫子做成一顶假发,因没有糨糊胶水一类的东西,只能用小股头发编到一起,没有趁手的工具,连针线也都用上了。

杨绛以为,戴上假发就不愁了,谁知道第二天出门才体会到,还是天生的毛发好呀,根根有空隙,不热。夏天戴这么个假发,真是热得人汗流浃背。早上挤在公交车上,售票员就发现了她的头发不一样,她的头发和钱瑗的头发颜色是有差别的。从这天起,杨绛就不敢坐车了。走路也不是那么安全的,因为常常有小孩子,看到假发就伸手揪,杨绛每天出门都提心吊胆的。后来杨绛托熟人买了一顶帽子,可是戴上之后也没有好多少,欲盖弥彰。

周末是休息日,但是"牛鬼蛇神"们也不能随意出门,只

第九章
十年动荡，磨砺人生

能待在家里。一个星期日的早上，有一个小红卫兵突然到杨绛他们住的大院来，召集所有人训话，杨绛也在其列。红卫兵传达命令，从此每个人都不能随意交谈，不能乱说话，要积极干活，清扫大院，要改造思想等。这些话杨绛都听了太多遍了，不胜其烦。

还有一件让杨绛和钱锺书犯愁的事情，即日常生活总要买东西的，但煤厂在革命群众的指示下，已经不给他们家送煤了，要用只能自己去买。每天吃的东西，也要去市场买。杨绛去买菜的时候，老大娘看着她异常的头发，总是拉长个脸问她："你是什么人？"杨绛不知道怎么回答，后来就改让钱锺书去买菜，她去买煤。

杨绛每天下班后就会去买几块蜂窝煤饼，用网兜装上，一前一后地搭在肩膀上，因为在单位的"工作"已经让她累得手都抬不起了，实在提不动煤了。幸好煤厂的工人和她熟识，知道她是什么人，也不为难她，还颇为照顾她。老田原来是给她家送煤的，与她一直都相处得不错，后来不让送了之后，他还悄悄给他们送了一车煤。杨绛非常感激，连忙央求他给好友唐棣华和李健吾家里也送一些，可惜被人知道了，没有成行。

1967年的盛夏，文学所的"牛鬼蛇神"终于迎来了"解放"，也就是可以"下楼"了，杨绛也在第一批名单中。

"下楼"的人要做报告，把面壁思过的结果说一说，所犯的

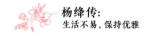

"罪行"也都检讨一下。杨绛仔细认真地把自己的"问题"交代了一遍，这时，革命群众的一个问题把她给问蒙了："'四个大妖精'是什么意思？"

一个人拿着杨绛的笔记本，指给她看。原来"四个大妖精"是"四个大跃进"，那一天是开政治会议的时候，连日疲劳导致她太困了，才一时笔误，没想到这"四个大妖精"竟然被革命群众看到了，杨绛百口莫辩。

杨绛只好继续作深刻的检讨，强调自己真的只是瞌睡误事，绝无任何反动之心。有一个像是"头头"的人听了她的说辞，认为她检讨得不够，严肃地对她说："你应该知道，你笔记上写这种话，等于写反动标语。"杨绛连忙解释道："这是私人笔记，反动标语应该是张贴出去的。"

"四个大妖精"的事情着实是让杨绛吃了顿苦头，幸好没有影响她"下楼"。尽管重归"革命群众"之列，杨绛还是要继续干扫厕所的工作。

人活着，不必自怨自艾，那些都没有意义，对自己受过的委屈不能深想，否则怎么有勇气面对未来，要心怀希望，多攒点力气才能活得更好。

第九章
十年动荡，磨砺人生

4 五七干校

"在大的时代里，个人正如一叶扁舟，唯有随波逐流，偶尔的讽刺、同情，但人也只能平静地一步步走向坟墓而已。命运于此，并不是一个悲剧，不过是巨大的讽刺。"杨绛在《干校六记》中写下了这两句话。

1969年，钱锺书离开了北京，被下放到河南省罗山县五七干校。根据《五七指示》精神，干部需接受贫下中农再教育。全国的大专院校教师、党政机关人员和科技人员都浩浩荡荡地赶往农村了。五七干校就是特设的进行劳动改造和思想教育的地方。

11月3日，钱锺书得到组织上的下放指示。杨绛听到这个消息，如同惊雷在耳边打响，好半天都没有缓过劲。马上就是钱锺书的生日了，算日子是不能在家过了。此去不知归期，且钱锺书已经是60岁的老人了，杨绛怎么能够放心。杨绛一会儿想着钱锺书一定能早点回来，一会儿又想如果自己能跟他去也是好的。

钱锺书是第一批次的先遣队的一员。杨绛为钱锺书收拾行

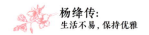

李,这次下放不比上次的下乡,一去不返都是有可能的,所以行李收拾得很仔细、齐全。女儿、女婿也想来帮忙,但是工厂不能随意请假,只好休息日过来。

临行之日,杨绛和女儿、女婿一起到车站为钱锺书送行。杨绛几度落泪,钱锺书就催促他们赶快走。三个人痴痴地站在车下,直到列车开动。望着那辆载着钱锺书离去的火车,杨绛悲伤难抑,前尘往事也在心中涤荡,想起当年去英国留学,夫妻俩一起坐轮船离开的场景。那时候,岸上有人欢呼、有人落泪,处处可见难舍之情,可处处都是希望的眼神。如今的场景是,下放人员列队上车,七旬老者比比皆是,送行的都是一张张被生活折磨到麻木的脸,连悲伤都快没有力气了。

世事无常,相聚有时,别离有时。杨绛和钱锺书相互扶持,走过风风雨雨,如今却又要劳燕分飞,不知道何时再相见。

钱锺书这一队人到达罗山县不久,又听从调令转到息县东岳,这个地方更穷了,不仅没有热炕,烧个火炉子都找不到燃料,生活更加艰苦。

杨绛在北京的生活也不好过,终日"学习""改造""检讨",还要跟着挖防空洞,每天都有干不完的活儿。若不是心中还有想要回到彼此身边的这个念想,还怎么挺过这些日子?也许早就对命运妥协了。心里惦记一个人,也能成为一种动力。

有一位年轻的同事,名字叫郑土生,他被打成了"五一六分子"。本是要清查反革命集团,但是很多人是被迫害的,郑土生

第九章
十年动荡，磨砺人生

就是个无辜者。受到逼迫，承认是死，不承认也不会有好路走，他想自杀。恰好郑土生欠了杨绛 75 元钱，他就把自己的存折和部分现金放在杨绛的抽屉里，留言说这钱是还给杨绛的。杨绛一发现，就立刻去找郑土生了。杨绛递给他一个纸包，除去钱和存折，还有一张条子，上面是杨绛的字："来日方长，要保重身体；要耐心、冷静、坚强。这些钱我不需要，你自己买些生活必需品吧！"

清查"五一六分子"让很多人被隔离、审查、批斗，甚至被迫害致死，所有人都避之唯恐不及，杨绛却不怕，她的善良为一个年轻人点亮了一盏心灯，阻止他赴死。郑土生后来成就非凡，是中国研究莎士比亚的专家。

还有冀元璋，他曾经参加了对杨绛的批斗，但是这时却被抓了。他家中还有务农的妻子和缠绵病榻的老父亲，原本靠着他的工资过活，如今他被当成反革命抓起来了，家中的生活无以为继。杨绛知道后，将自己的工资分出一部分，每个月寄到他家里，以德报怨，冀元璋深受感动。

杨绛的女婿王德一也被诬为"五一六反革命分子"，起因是有人要他捏造名单陷害他人。王德一对杨绛说："妈妈，我不能对群众态度不好，也不能顶撞宣传队。可是我决不能捏造个名单去害人，我也不会撒谎。"王德一被抓起来了，每天被批斗三次，最后含冤自尽。杨绛给了很多年轻人生的希望，却没想到自己会承受白发人送黑发人之苦。

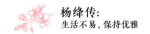

1970年7月12日,杨绛启程去五七干校,她和钱锺书有八个月没有见面了。终于能够见到丈夫,她很高兴。但是想到女儿钱瑗,她的心都要碎了,女婿刚刚过世,女儿只能一个人留在北京。

到了息县的干校,杨绛终于见到钱锺书,他变黑了,也瘦了很多,脸上还长了脓包。杨绛很心疼,但是更多的是喜悦,两个人终于又在一起了,哪怕还是不能住在一起,起码能常见面了。

杨绛被分到菜园,这里需要日夜轮班,杨绛是白班,白天还可以看书、写作或者给钱锺书写信。钱锺书担负通信员一职,每天下午都要去邮局取信件、报纸和包裹等物,回来给大家分发。每天去邮局的路上,正好可以路过菜园,于是杨绛和钱锺书就可以见两次面,虽然来去匆匆,时间又短暂,但是两个人都非常知足。

五七干校后来从息县迁到明港,杨绛和钱锺书也跟随大部队转到明港。这个时期的五七干校,根据上面的方针政策又有了新的调整,所有人由"劳动"转为"学习",住宿条件也好了很多。看革命电影也算是学习的一部分,但是不准"逃课"。钱锺书的眼睛已经不好了,所以被"赦免"了,杨绛和其他人每天都要带着小凳子去广场看电影。电影只有几部,翻过来调过去地"学"。

北京方面来了消息,有一批老弱病残可以回京了。有了这个希望,大家就一直盼着,结果公布名单上,没有杨绛和钱锺书。

第九章
十年动荡，磨砺人生

杨绛想，也许就要在这里度过余生了。

杨绛曾经问钱锺书："给咱们这样一个棚，咱们就住下，行吗？"钱锺书想了一下说："没有书。"读书这一点上，两个人一直是一样的，没有书怎么好过日子呢？一定要有书。杨绛又问："你悔不悔当初留下不走？"钱锺书坚定地回答："时光倒流，我还是照老样子。"杨绛笑了，钱锺书还是那个钱锺书，向来有所决断，更是从不言悔。

人这一辈子，到底求什么？功名利禄或诗酒田园？杨绛和钱锺书这对学者伉俪，要的只是彼此在一起，一起读书、一起写作，哪怕是住在一个风雨飘摇的小窝棚，也不会透着凄苦。因为彼此深爱，他们的生活充满爱。

"文革"岁月，他们在荒诞的生活中艰难求生；十年动荡，他们的内心被磨炼得更加强大。在瘴气弥漫的沼泽中，很快就要云开雾散了，久违的阳光将普照大地，挺过那么多痛苦到让人发疯的日子，他们继续并肩而行。

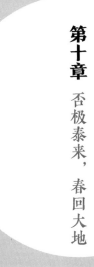

第十章 否极泰来，春回大地

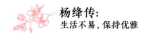

1 携手归家

生活从来都是波澜起伏的。在你以为山穷水尽的时候,总会否极泰来;在你历尽风霜刀剑的时候,终有春回大地。命运是如此神奇,逆境、顺境不过是一时而已。

1972年3月,杨绛和钱锺书终于等来了回京令,作为老弱病残中的一员,他们回京了。

夫妇俩的家还是单位的宿舍,从干校回来之后,他们住了一段时间,邻里不睦,索性搬到女儿钱瑗那里住。钱瑗是北京师范大学的老师,住在教职工宿舍,她给他们找了一间平时午饭后休息的房子,总算是安置下来了。钱瑗的同事听说两位老人来了,都非常热情,很多人都来送了日常用品。这些暖心之举,让杨绛一家非常感动。

钱锺书在搬家的时候病了,他为了打扫屋角的尘土,没防备地吸入太多灰尘,又加上感冒没有好,就引发了哮喘。经一番医治,钱锺书的病好了,也没留下什么病根。生病也不全然没有好

第十章

否极泰来，春回大地

处，他们免于到单位参加"批林批孔"的运动，得以安心在家养病。

1974年5月4日，钱瑗和杨伟成登记结婚了，杨绛和钱锺书又了却了一桩心事。随后，他们搬到学部去住，一直在那儿住了两年多的办公室，才终于结束了东搬西走的"流亡"生涯——迁居到三里河南沙沟的一处住宅，这里是国务院的宿舍，宽敞明亮。

初时，他们并不知道这所房子是怎么来的，突然有办事人员带着他们去看房子，叮嘱他们如果有人问起，就说因为他们住在办公室。新居有四间房，一间是两人的卧室、一间是女儿的闺房，还有一间是书房，同时也是客厅，最后一间就是饭厅。还有一位周奶奶负责照顾杨绛和钱锺书，对外说是亲戚，就住在饭厅。新居到底是受何人恩惠，杨绛和钱锺书一直不知道。后来有一次，钱锺书在清华的同学胡乔木来访，问了一句："房子够住了吗？"两个人才明白过来，杨绛连忙回说："始愿不及此。"1975年后，胡乔木担任国务院政治研究室负责人。胡乔木曾经被毛泽东笑称为"靠乔木，有饭吃"，而后来邓小平也称赞他是"中共中央第一支笔"。这样的一个政治家，非常赏识钱锺书夫妇的才学，"文革"后常常到家里聊一聊。钱锺书夫妇也非常注意分寸，进退有度。

1976年9月9日，毛泽东逝世，全国人民都沉浸在悲痛之中，江青等反革命集团却妄想篡权夺位。危急时刻，叶剑英等人

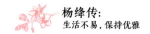

力挽狂澜，于10月6日逮捕了江青、王洪文、姚为元、张春娇等人，瓦解了反革命集团。"四人帮"被彻底粉碎了，至此，十年动乱终于结束了。

十几年来，杨绛受过了太多的磨难。"乌云蔽天的岁月是不堪回首的，可是停留在我记忆里不易磨灭的，倒是那一道含蕴着光和热的金边。"虽然饱受摧残，杨绛的文字中还是透着一股子的温暖，可见其心性高洁、淡化得失。

1978年，钱锺书的又一部巨作《管锥编》问世，全书130万字，从60年代开始写作，期间经历"文革"，终于出版发行。这本书是钱锺书用文言文的形式写的读书笔记，包罗万象。"管锥"二字，语出《庄子·秋水》，以此为名，表意"以管窥天，以锥刺地"，从管子里边看天，用锥子去量土地深浅。眼界决定了人的境界，钱锺书的学识如此渊博，尚且以"管锥"二字作为自己著作的名字，足见其对世界心存敬畏，对治学始终谦虚严谨。1982年，钱锺书荣升中国社会科学院副院长。

杨绛回京后，一直笔耕不辍，翻译和写作上都有了很多成果。

《堂吉诃德》在"文革"前已经完成了四分之三，回到北京后，这份译稿又回到了杨绛手上。她对自己原来的译稿不满意，于是就重新来过。前面已经翻译完的，再修改润色一遍，随后继续翻译后面的部分。70多万字的长篇小说终于译完了。1978年，该译本由人民文学出版社正式出版发行。

第十章
否极泰来,春回大地

　　杨绛不是《堂吉诃德》的第一个中文翻译者,但是却是第一个直接以西班牙文原版为蓝本翻译的译者,问世之后就得到了西班牙方面的关注,国王胡安·卡洛斯一世曾亲自给杨绛颁奖,以示嘉奖。一国之王的嘉奖,这是对译者的一份殊荣。

　　杨绛说:"我翻译的时候,很少逐字逐句地翻译,一般都要将几个甚至整段文字拆散,然后根据原文的精神,按照汉语的习惯重新加以组织。"这种翻译的方法,非常麻烦,但是却能最大限度地忠于原作精神。杨绛还说:"我翻译得很慢,平均每天也不过五百字左右。"多少个日日夜夜案头执笔,真是字字辛苦。

　　西班牙文与中文的语法差异很大,一个句子很长,通常有很多复句。翻译的时候如果只是一句对应一句地翻译,势必冗长不知所谓,而如何断句就看译者的本事了。翻译的时候,主句可以在前、在后,甚至可以在中间,就看译者对文字的驾驭能力。断句得当,则突出主句,完美达到原文之意。很多做翻译的人,以为一定要照原文直译。杨绛有一个"翻译度"的概念,就是在翻译的时候,要掌握度,"翻译度"太小,就是"直译",难免陷入"硬译"和"死译"的结局。

　　杨绛曾经用一个很特别的说法形容翻译这项工作,即"一仆二主"。因为翻译,一方面要比照原文,另一方面还要兼顾读者。杨绛的翻译,真正做到了"左思右想、句句斟酌",有时候可能用好几天就想着那一句话,反复地斟酌修改。

　　《堂吉诃德》这部西方世界的著作在中国广为人知,杨绛功

杨绛传:
生活不易，保持优雅

不可没。从1978年杨绛的中文版《堂吉诃德》面世以来，多次再版印刷，并且每次重印，她都要再行校订，追求至臻。国家教育部也选定这本书作为中学生课外读物，莘莘学子都读过杨绛版的《堂吉诃德》。

杨绛先后写了一些关于《堂吉诃德》的文章，包括：《塞万提斯小传》《堂吉诃德和〈堂吉诃德〉》《再谈〈堂吉诃德〉》《〈堂吉诃德〉译余琐缀》《孝顺的厨子——〈堂吉诃德〉台湾版译者前言》《〈堂吉诃德〉校订本译者前言》《天上一日，人间一年——在塞万提斯纪念会上的发言》《〈堂吉诃德〉校订本三版前言》《塞万提斯的戏言——为塞万提斯铜像揭幕而作》等。这些文章对作者和作品进行了深入浅出的剖析，帮助所有人都能够更好地理解作品，理解那个时代的背景、思想、艺术特征等。从这些作品中，可以看出杨绛在《堂吉诃德》上花费了多少心力。

常言道，人过三十不学艺。而杨绛，50岁了还在学习西班牙语，学成之后翻译长篇巨作，还获得了西班牙国王的嘉奖，这是一种怎样的学习精神？不管到什么时候，只要心中有了目标，就永远都不晚，晚的是那些安于现状、不敢开始的人。

第十章
否极泰来,春回大地

2 寄情笔墨

从前的杨绛,好像一颗明珠,虽然美丽,却总是隐藏在钱锺书的身后,但是经过了半世飘零、重重磨难,如在火中淬炼过一样,愈发熠熠生辉。除去翻译作品之外,她开始写作新的作品,并取得了更多令人世界瞩目的成果。

从那个年代走过来,杨绛看过了很多事情,有人因疾病、劳累或者事故而客死异乡,也有人因为自私、愚昧或荒谬而葬送性命。看过了那些冷漠的人,杨绛更通透了。追忆往事,落笔纸上,她将那个特殊年代里发生的那些特殊的故事,一桩桩一件件都写了出来。

杨绛曾说,不写作手痒。她说的是所有爱写作的人的心声,每个喜欢写作的人,在经历了时间的流逝和岁月的蹉跎后,都想留下些笔墨印迹,用文字来凝聚记忆,让灵魂之光在作品上显现。杨绛写了很多散文作品,《干校六记》《杂忆与杂写》和《将饮茶》等都已经结集出版。

1980 年,杨绛读了清代文学家沈复写的《浮生六记》,于是决定写下在干校的那段经历,题目就叫作《干校六记》。沈复的

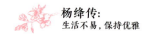

　　《浮生六记》是以他与妻子的生活作为一条主线，贯穿全书，将生活中的各种趣事和游历的所见所闻都写在一起，全书共分为六卷：《闺房记乐》《闲情记趣》《坎坷记愁》《浪游记快》《中山记历》和《养生记道》。

　　杨绛的《干校六记》也分为六部分：《下放记别》《凿井记劳》《学圃记闲》《"小趋"记情》《冒险记幸》和《误传记妄》。全书明线围绕的是她与钱锺书两个人的生活轨迹，政治运动始末没有过多着墨，却是一条暗线。

　　初时，钱锺书先下放干校。杨绛本来打算和钱锺书一起吃寿面的，结果只差几天，钱锺书等不到过生日就一个人出发去五七干校了。第二年，杨绛也下放干校，喜的是能见到钱锺书了，苦的是留女儿一个人在北京，女婿刚刚因为拒绝捏造名单害别人而自杀了。随后杨绛在菜园班工作，每天参加集体劳动，还一起挖了一口井，工作中有了"合群感"，也有了"我们"和"他们"之感。这是因为"他们"总是"雨水不淋，太阳不晒的"，还摆着"首长架子"，都是"马屁精"。而"我们"，是各派别的受看管的人。没有"我们"这个概念，哪来"他们"这个概念，一旦人与人形成了小的团体，就会下意识排斥团体外的人，人性而已。

　　在整部作品中，杨绛将原本波涛暗涌、血雨腥风的生活，写得平平淡淡、含蓄超凡。很难想象杨绛能在经历了那么多磨难过后，用那么云淡风轻的笔调将那些事情平铺直叙地写出来。

第十章
否极泰来,春回大地

钱锺书为《干校六记》写序:"'记劳','记闲',记这,记那,不过是这个大背景下的小点缀,大故事的小穿插。"钱锺书认为在干校有三种人:第一种是在运动中受冤枉的人,他们受到批斗,委屈、愤恨;第二种是一般群众,搞运动的时候一窝蜂地冲上去,过后又觉得愧疚;第三种是明知是错的还去做,自私自利的人,他们是"打手",有的甚至是"刽子手"。

范用在新中国成立之后历任中宣部出版委员会科长、出版总署出版局科长和人民出版社副总编辑,还是三联书店总经理。这位出版大家看过杨绛的《干校六记》之后,赞不绝口,却不敢轻易出版。

范用手里拿着杨绛这么好的稿子,却不敢用,也不知道能不能用,一时之间踌躇不定。香港那边有位编辑好友就打来电报催促:"你再不把《干校六记》书稿寄我,我就专程飞到北京来取稿子了。"范用把稿子寄了过去。

《干校六记》首先在香港的《广角镜》杂志刊登,被胡乔木看到了,于是让社科院研究员邓绍基传话给社科院文学研究所的负责人,说《干校六记》应该在内地出版。在一次国宴招待会上,胡乔木遇到也来参宴的钱锺书,提到《干校六记》,给出十六字评价:"怨而不怒,哀而不伤,缠绵悱恻,句句真话。"

钱锺书回家后,立刻和杨绛说了胡乔木的一席话,这是《干校六记》能够出版的一个契机。她先是发函询问三联书店是否愿意出版,并且将胡乔木的十六字评语也写明,以减轻出版社方面

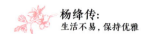

的政治包袱。随后，范用将《干校六记》的书稿送到人民出版社总编辑曾彦修手中，申报出版这一选题，曾彦修读过之后，虽然没有夸赞，但也同意出版。

1981年，《干校六记》由三联书店出版发行，香港方面也几乎是同时出版的。《干校六记》问世后引得各方震动，一时之间被翻译为英文、法文、日文和德文。《干校六记》与钱锺书的《围城》一起被选为"百年百种优秀中国文学图书"。

杨绛很欣慰，这部作品是她的心血。如今海内外同传佳音，令杨绛了却了一桩心事。

寄情笔墨，杨绛创作了很多作品。《丙午丁未记事——乌云与金边》写的是"文革"初期的事情，这本书和杨绛后来写的《记钱锺书与〈围城〉》一起合编为《将饮茶》出版了，她为这本书写了《孟婆茶（胡思乱想）》和《隐身衣（废话）》分别作为序和后记。

杨绛在这段时间写了很多回忆性的散文，还为交好的文人朋友的作品写序。《我在启明上学》《阿福和阿灵》《临水人家》《纪念温德先生》《小阿牛》等，后来都集结成册，以《杂忆与杂写》为名由花城出版社出版。《读〈柯灵选集〉》一文，是杨绛给《现代作家选集》写的序言，简单、明了地概述了柯灵选集中囊括的散文、小说、杂文和论文，同时也称赞了柯灵的为人。《〈傅译传记五种〉代序》也是由杨绛执笔，彼时傅雷及其夫人都已经辞世了。

第十章

否极泰来,春回大地

时过境迁,杨绛无喜无悲,文风冲和平淡。作品是对往事的一种追忆,是对流逝岁月的一份祭奠。

3 书写人生

写作,文辞华丽不难,但是言浅意深却十分不易。杨绛的作品没有任何宣传目的,也没有定什么主题,只是把原生态的老百姓写出来了,没有俯视、仰视,也没有摆拍、粉饰,只是把自己看到的寻常人家的故事、生活中随处可见的场景,原原本本地呈现出来,朴实平淡之中,却带给人感情的共鸣,能够成为经典,正是大巧若拙之道。

1982年,杨绛的短篇小说集出版了,以《倒影集》为名。年少时第一次写的短篇小说《璐璐,不用愁!》,后来陆陆续续写的《"大笑话"》《事业》《鬼》《"玉人"》等,都收录在这部合集中,写作时间从1934年到1980年,跨越了四十多年的时间维度,写下的是一代人的生活,是时光的缩影。

《倒影集》出版前,杨绛曾对读者说:"我希望这几个小故

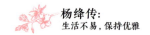

事,能在您繁忙之余,供您片刻的消遣,让您养养心、歇歇力,再抖擞精神投入工作。这就是我最卑微的愿望。假如您看完后,觉得还有点意思,时间消耗得不算无谓,那就是我更高的愿望。"

《"大笑话"》写的是民国时期的一个故事。在北京南郊的温家园,一批高级知识分子的阔太太们组建了一个平旦学社。学社不是一般人可以加入的,需要名流推荐,并且本人要有学位和著作。社员都来自生活优渥的家庭,无聊的女人聚在一起就常常无事生非,闹剧就在她们之中开始上演。

周逸群是民法专家林子瑜的夫人,她曾得一位年轻大夫赵守恒的青睐,但是拒绝了他的非礼要求。两个人的关系没有断,发展为"拒绝了他的身体,却霸占了他的心",就这样处于暧昧的微妙状态。这种不牢靠的男女关系,必然不会长久。赵守恒喜欢上了副社长的夫人朱丽,周逸群又觉得心有不甘,总想着报复、挑唆两人。几番思量,她想到了生物研究室王世骏的妻子陈倩,陈倩在上海独居,又年轻美丽。于是,周逸群筹谋着把她从上海叫来,想办法让她来拆散赵守恒和朱丽。

陈倩个性淳朴,一直洁身自好,在一所学校当校长的秘书,挣钱养家。周逸群一番口舌之下,把她骗来北京,等她办完事要返回上海的时候,就一把抢去车票,非要留她再住一些时日,并安排宴会为陈倩接风。她想将赵大夫与陈倩介绍到一处,没想到赵大夫还真的挺喜欢陈倩的。而朱丽把这一切看在眼中,在宴会那天,朱丽故意缠住赵守恒,不让他赴宴。

第十章
否极泰来,春回大地

  周逸群的丈夫林子瑜看着这些太太们瞎胡闹,对陈倩心生怜惜,想告诉她实情。陈倩觉得林子瑜温文尔雅,又看过他的讲稿,对他的印象很好。朱丽知晓此事后,立刻觉得这是一个机会,可以报复情敌周逸群。于是她设计请陈倩来林家赴宴,并且没有叫其他人来,还用一张署名周逸群的字条骗了陈倩,让陈倩撞见了刚刚沐浴后的林子瑜,还没来得及避嫌离开,就被另外两位夫人看到了。第二天,整个学社都在说这个"大笑话":周逸群要抢人家的情人,却输掉了自己的丈夫。

  一直被蒙在鼓里的陈倩,终于在一通串线的电话中听到了这个"大笑话",才知道自己无辜地被人算计,心里十分委屈,决意立刻离开北京。她向众位太太辞行,刚出门就听见里边哄堂大笑,她登上火车,觉得车轮的声音在耳边都成了一声连着一声的"大笑话"。

  在这个故事中,太太们总爱无事生非,林子瑜和陈倩之情反而难得。林子瑜虽然娶了如花美眷却早已看透妻子的心不在他,反而陈倩是他真心爱护的人,陈倩也对林子瑜十分感激仰慕。两个人的这段真爱虽然无疾而终,却在各自心中留下美丽的涟漪,终生难忘。

  钱锺书认为这篇《"大笑话"》是杨绛写得最好的短篇小说。

  杨绛的另一篇小说《"玉人"》的男主人公名叫郝志杰,大学毕业后成了一名中学英文老师,妻子是附小的老师。"玉人"是郝志杰在十几年前上大学时认识的枚枚小姐,郝志杰很喜欢

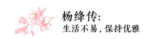

她。枚枚是苏州人,他们认识时枚枚是十五六岁的花季少女,体态婀娜,苏侬软语,像个玉人一般。刘太太曾经托郝志杰的朋友方谦受问郝志杰,愿不愿意陪枚枚一起去海外留学,郝志杰一惊之下说:"高攀不上。"说完自己就后悔了,结果老方和刘太太再也没提过这件事情。也许正是因为"没得到的,才是最好",美丽的"玉人"就一直留在郝志杰的心中。

多年之后,郝志杰早已娶妻生子,而对记忆中的玉人,一直未曾淡忘,他写了一首《玉人何处》,"花朵般鲜嫩!冰雪般皎洁!白玉般莹润!"诗中句句可见他对"玉人"的倾慕之情。这首诗不巧被妻子田晓看到了,气得落泪。从此"你想你的'玉人',我尽我的本分",倒也相安无事。

1943年,郝志杰辞职了,把房子也处理了,打算带上全家和老方一起去内地,不幸的是出了车祸伤了腿,幸好老方介绍了一个地方落脚。就在这里,郝志杰再次遇见了当年的"玉人"。可惜,当年冰清玉洁的"玉人",如今却因为天天抽大烟熏黑了,为了掩饰还擦了很厚的胭脂,被调皮孩子喊成"猴屁股"。唯一不变的,就是她脱口而出的那句吴侬软语:"郝家哥哥!"

怀念的玉人,就像童话故事一般美好;相见的玉人,却只能让人在现实面前哀悼。果然,相见不如怀念。杨绛在这部作品中,将讽刺艺术用到了极致,故事写得峰回路转。

长篇小说《洗澡》是杨绛的代表作。

杨绛这一部《洗澡》将知识分子在新中国成立之初的各种

第十章
否极泰来，春回大地

面貌展示得非常到位。"洗澡"指的是那场思想改造运动。在"三反"的政治背景下，知识分子都经历了"洗澡"运动，俗称"脱裤子、割尾巴"。小说里的人物都是虚构的，但是因为杨绛亲身经历了这次运动，所以也是"据实塑造"，在人物设定上也有杨绛周围的人、事、物的些许蛛丝马迹。

杨绛在序言中写道："写知识分子改造，就得写出他们改造前的面貌，否则从何改起呢？改了没有呢？"杨绛问出了重点所在，"洗掉与否，究竟谁有谁无，都不得而知"。她所能做的就是把那些见到的"嘴脸、毛皮、爪牙、须发，以至尾巴"，都一一列举。

杨绛用朴实无华的笔触，刻画出一个个平凡的小人物。不要小看那些小人物，大人物顺势决定历史走向，可在夹缝中生存的小人物更能体现出历史的真实。

4 荣耀一身

年少的时候，杨绛像是一株兰花，美则美矣，却是温室之

201

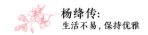
杨绛传：
生活不易，保持优雅

花；长大后的杨绛，像是一株韧竹，任他风雨飘摇，我自扎根不动；而如今的杨绛，却是一株寒梅，无意苦争春，一任群芳妒。

1979年，杨绛和钱锺书一起出发前往法国。钱锺书在法国转机飞到美国，作为中国社会科学院派出的第一个访美代表团的代表之一，钱锺书到美国多所大学进行了演讲和学术交流。杨绛作为访法代表团的一员，在巴黎做了一个月的学术访问，考察了法国的学术研究成果，加强了中国和法国之间的学术交流。

在国外期间，学术上的交流他们游刃有余，非常愉快，但是最让他们高兴的是，利用这个机会，他们买了很多书回来。时过境迁，当年"文革"种种，好似虚幻一梦，杨绛和钱锺书再次在中外学术界星月交辉、荣耀一身。

杨绛翻译的《堂吉诃德》获得了西班牙的官方认可，西班牙政府决定给她颁发大奖，由西班牙驻华大使馆出面邀请杨绛出访。对第一任西班牙大使的邀请，杨绛婉言谢绝了。第二任大使发出邀请函，杨绛也正式地回文谢绝了。第三任大使通过中国科学院领导马洪出面邀约，杨绛避无可避，只好答应下来。钱锺书提起这件事就调笑地说，要三个大使才请得动杨绛。

1983年，中国社会科学院代表团出访西班牙和英国，杨绛也在出访人员中。这一趟西班牙之行，杨绛自觉收获颇丰。她在这趟访问中，抓紧一切时间和机会去学习，解决自己在翻译工作中遇到的问题。在中国明代天启年间，意大利有一位来华传教士

第十章

否极泰来,春回大地

名为艾儒略,他曾经写过一篇文言文,名为《职方外纪》,主要记录了外域的风土人情,其中有一段写的是西班牙:"古一名贤,曰多斯达笃者,居俾斯玻之位,著书最多,寿仅五旬有二。"杨绛对文中提到的"多斯达笃"非常好奇,此人能够每天写七万字,是一位名贤大能。在翻印《堂吉诃德》的时候,她发现堂吉诃德曾经提到过一个叫"托斯达多"的人,这两个词从发音上来说非常相近,而翻译本就有音译法,于是杨绛大胆猜想,这会不会是指的同一个人。在西班牙的时候,杨绛处处留心,终于得知"多斯达笃"即"托斯达多",也就是西班牙阿维拉主教堂的主教,且"托斯达多"是绰号,并不是人名,意为"焦黄脸儿"。至于叫这个绰号的原因,她一时还没有想通。

杨绛一行人住在西班牙的旅馆中,吃早餐的时候,她发现有两片焦黄松脆的面包装在塑料袋里边,小袋上面就印了"Pan tosotado"的字样,杨绛终于想到,那位主教的脸色一定是这个面包的颜色。于是,她询问了当地向导。根据向导所说,托斯达多的雕像就在阿维拉,这位主教是西班牙人与吉普赛人所生的混血儿,所以不像西班牙人那么白,所以有"焦黄脸儿"的外号,他的著作非常多,摞起来比他本人还高。

杨绛跟随代表团到了西班牙的塞维利亚市,还参观了印第安总统档案馆,这里有塞万提斯亲笔信的真迹。那是呈给国王菲利普二世的自荐函,塞万提斯表明自己曾经为国家工作,希望能在

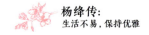

美洲殖民地谋得一官半职,继续为国家效力。当馆长得知杨绛曾经翻译过《堂吉诃德》,就将那封珍贵的信复制了一份,赠送给她留念。

杨绛再次踏上英国的土地,感触良多。曾经,她和钱锺书一起留学牛津,转眼之间过去半辈子了。为了重温当年在图书馆里美好的读书时光,杨绛在伦敦访问期间,总是躲开那些人情交际,到大英博物馆里读书,每每进入"物我两忘"的境界,那些国内看不到的书稿,让杨绛欲罢不能。

杨绛在翻译上所取得的成就,有目共睹,在文学创作上,更是写出太多脍炙人口的好作品,荣耀一身。作为文化圈的老一辈,她的文学评论也越来越受到推崇。

杨绛写了一篇名为《事实—故事—真实》的论文,将古往今来的中外文学现象总结提炼出来,再研究其创作规律。比如写小说,小说是作者虚构出来的故事,可它多数情况下是依据作者看到的事实而创作出来的,所以有一定的真实性在其中。任何一个文学作品,首先是有"事实",然后由作者构思出"故事",而这个"故事"最终表现的是人、事物的"真实",即点题"事实—故事—真实"。而在整个文学创作过程中,想象是最为重要的。

在《旧书新解——读〈薛蕾丝蒂娜〉》中,杨绛介绍了《薛蕾丝蒂娜》,也就是"薛婆"的故事。这是一本打破传统的西班

第十章
否极泰来,春回大地

牙古典小说。故事中,一位英俊有钱的葛立德少爷爱上了美丽的梅丽小姐,就央求薛婆帮他约见梅丽小姐,而梅丽是裴府的千金。二人在花园幽会后,葛少爷不幸坠地身亡,裴小姐随后跳塔自杀。薛婆是一个贪财的人,因为不肯和葛少爷的小厮分肥,被杀了。杨绛将《薛蕾丝蒂娜》的创新之处指出,这是一部小说,却以戏剧的表现形式来写,但是整体的结构却像是古典的史诗。她把《薛婆》称为"对话体的小说",因为整个作品中,只有人名和对话,甚至没有人物的内心活动,没有详细描写人物的面貌、身段或者服饰什么的。那些生动的对话,极尽精妙,让观者在眼前有了丰满的人物形象。

《有什么好?——读奥斯丁的〈傲慢与偏见〉》一文中,杨绛将奥斯丁写的这部小说"有什么好"细细品评,是对作品的深入研究,也是对作者的深入探究。文中写道:"奥斯丁对她所挖苦取笑的人物没有恨、没有怒,也不是鄙夷不屑。她设身处地,对他们充分了解,完全体谅。她的笑不是针砭,不是鞭挞,也不是含泪同情,而是乖觉的领悟,有时竟是和读者相视莫逆,会心微笑。"

掩卷长思,杨绛的文字如行云流水,在每个读者的心中留下了难忘的印迹。每一部作品都是杨绛的心血凝结,也为她赢得了更多读者的喜爱。这一时期,杨绛的很多作品都陆续出版和再版,她写的故事《老王》,也被选入初中教材,为万千学子

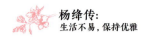

共读。

　　生活不易,杨绛的每一步都不容易。有人认为她的才名都是因为钱锺书,那些人只是把别人的成功归功于运气,为自己的无能找个借口。没有平白无故的盛名,也不要无视别人的努力,只有智慧和汗水才能换来成功,世上没有例外,更没有捷径。

第十一章　彩云易散，琉璃易碎

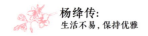

1 恋恋情深

经历了大半生的起起伏伏,杨绛和钱锺书的晚年生活平静而美好。书香中共读,东篱下漫步,儒雅的老先生在沙发上端坐,优雅的夫人在旁边静立,两个人都戴着黑边眼镜,真真是岁月静好。一家人在三里河的宅子里度过了一段美好的幸福时光,但是无情的疾病也在悄悄地近了。也许幸福一定要伴着一些悲伤,世间没有永远的快乐,毕竟世间"大都好物不坚牢,彩云易散琉璃脆"。

杨绛与钱锺书的宅子是一栋老式的红楼,因为两个人都不喜奢华,家中布置非常简朴,只有书房非一般人家可比。20世纪80年代,杨绛家就有专门的书房,五个书架并排,简直就是一个小型的图书馆,中文的与外文的、古典的与现代的,各种书籍太多了,盖因两个人都嗜书如命,家里的书也就越买越多。

书房以书架和书桌占主位,有两张书桌,大一点的是钱锺书的,小一点的是杨绛的。学者伉俪就在这间书房中手捧书卷、笔

第十一章
彩云易散，琉璃易碎

耕不辍。如果有客人来，这里还兼做会客室，两张老式的单人沙发作为待客之用。墙上挂着一副对联，"二分流水三分竹，九日春阴一日晴"，这是清代吴大澂的篆书，名家大作，中正古朴。书房的东西虽然不多，却彰显出主人的品位。

杨绛和钱锺书，两个人都是文坛大家，如果能得他们的会见，真是一件幸事。两个人都是妙语连珠、论辩风生，用"珠联璧合"来形容他们是最合适的了。随着夫妇俩在学术界的名声越来越响，登门的访客也越来越多，杨绛只好开始挡驾。杨绛说："我经常看到钱锺书对来信和登门的读者表示歉意，或是诚诚恳恳地奉劝别研究什么《围城》，或客客气气地推说'无可奉告'，或者竟是既欠礼貌又不讲情理的拒绝。一次我听他在电话里对一位求见的英国女士说：'假如你吃了鸡蛋觉得不错，何必认识那下蛋的母鸡呢？'我真担心他冲撞人。"挡驾这件事，杨绛的做法与说法都更为圆滑一些，所以还是由她来出面比较多。

《围城》再版之后，来访来信就更多了，杨绛只能尽力去挡，但是还有很多不理会婉言谢绝而直接登门拜访的。后来北京、广东、湖南、辽宁等多地的电视台都要给《围城》拍电视剧，钱锺书一直没有答应，因为小说以文字表达为主，留有想象空间，而电视剧以影像来展示内容，如果达不到要求，反倒弄巧成拙。

为了让这部传世佳作登上荧屏，上海电影制片厂的编剧孙雄飞、黄蜀芹、屠岸德等人反复研读这部小说，体会故事深意，用

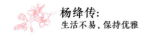

了三年的时间改写出《围城》的剧本。因为钱老不见外客,他们为求一见煞费苦心,终于请了二老的好友柯灵做文学顾问,才得到一次登门见面的机会。

1989年秋天,他们终于见到了钱锺书和杨绛两个人。因为钱锺书的事情太多了,接洽多由杨绛代劳。杨绛给他们讲了很多钱锺书当年写《围城》时的事情,然后把改编好的剧本留下细读。

剧本改写得不错,但杨绛还是希望精益求精。她一共通读了两遍剧本,对40多个地方提出修改意见,对开头和结尾也都有调整。再次会面的时候,他们谈得非常顺畅。"现在的剧本比我们想象的要好。我对剧本最大的意见是开头。小说是文字写的,轻描淡写记载了几桩事,不是给人很深的印象。现在变成形象,这个印象就深了,好像方鸿渐太荒唐,从这个女人追到另一个女人。其实方鸿渐这个人心肠软、意志弱,略有才学,却不能干。他的性格是被动的,什么都不主动……"

钱锺书也在旁边补充说,方鸿渐是一个不主动的性子,做什么事情都是形势所逼。

杨绛继续阐述:"实际上苏文纨在追他,他还受了鲍小姐的骗。"根据杨绛的想法,干脆就把船上的戏给砍掉了,直接从下船开始演,鲍小姐这个人物就用照片和苏小姐的只言片语来带过去。杨绛的修改方案,将整个剧本都推敲了一遍,足见她对这部电视剧是多么重视和用心。

第十一章
彩云易散,琉璃易碎

孙雄飞在上一次的会面中提到过关于《围城》内涵的问题,杨绛几番斟酌后写了几句话,这就是后来广为传颂的名句:"围在城里的人想逃出来,城外的人想冲进去。对婚姻也罢,职业也罢,人生的愿望大都如此。"几句话言简意赅,将《围城》的主题精华提炼了出来,字字戳中人心。让人想起张爱玲的名句:"也许每一个男子全都有过这样的两个女人,至少两个。娶了红玫瑰,久而久之,红的变了墙上的一抹蚊子血,白的还是'床前明月光';娶了白玫瑰,白的便是衣服上的一粒饭粘子,红的却是心口上的一颗朱砂痣。"

杨绛所写的两句话,还不单单指的是围城中方鸿渐的婚姻,更是世上所有的事情,内涵更深,将人对自身处境的那种不满心理完美诠释出来,世人总是东山望着西山高。后来,在电视剧每一集的片头,都有低沉的男声在旁白中娓娓道来这句话。《围城》放映之后,杨绛和钱锺书都很满意,剧组人员到家中做客的时候,饰演方鸿渐的陈道明曾经建议把《洗澡》也拍成电视剧,但是杨绛没有同意。

1991年,杨绛80岁了,夏衍写了一首祝寿诗:"无官无位,活得自在;有胆有识,独铸伟词。"夏公之笔,写出了杨绛的风骨与芳华。

岁月悠悠,杨绛和钱锺书都不年轻了。杨绛常常自比"红木家具",她说自己的年纪大了,别看外表挺好的,里边却不比年轻时了,就像是那些红木家具。钱锺书的身体一直都不太好,

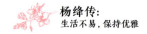

1993年的时候,因为输尿管长瘤,于是入院手术。手术过程中,又发现他的一侧肾已经坏死了,于是在切除瘤子后,把坏死的肾也摘除了。在钱锺书住院期间,杨绛一直在医院陪护,床前照顾五十多个日日夜夜后,钱锺书终于病愈出院了,可是娇小的杨绛却辛劳到瘦弱得像是大风一吹就能飞了。

回家休养期间,杨绛督促钱锺书把《槐聚诗存》修改定稿。常常是钱锺书改好了,杨绛帮抄下来。定稿之后,钱锺书拉着杨绛深情诉说:"你是最贤的妻,最才的女!"

贤妻才女,恋恋情深,悠悠岁月,两两相望。若花长开、人长聚,没有生老病死,该有多好。

2 送别至亲

昙花一现,蜉蝣一日,生老病死本是世间常事。钱锺书已缠绵病榻多年,人生这一世,也走到了最后一程,杨绛心知肚明,却恋恋难舍。谁知道,钱锺书还在与死亡做最后的拉锯,先离开这个家的,竟然是他们最爱的女儿,杨绛的"平生唯一杰作"。

第十一章
彩云易散,琉璃易碎

1994年,钱锺书持续发烧,吃药也不管用,连忙住院治疗,做了全面的检查后,医生发现他的膀胱部位有癌变,只能手术切除膀胱部位的癌变组织,但是仅有的肾又出现问题,经过抢救,终于度过了危险期。

从这以后,钱锺书就一直没有好。术后因为急性肾功能衰竭,他每天都要插管子做透析。由于药物作用,钱锺书失语了,虽然头脑清晰,但是已经丧失了语言能力。渐渐地,钱锺书无法咀嚼吞咽,没有办法吃东西了。医生建议用鼻饲的方法,每天熬些肉汁,或用机器将食物打碎成泥状,然后从鼻孔给病人导入胃部。虽然家里有保姆可以分担很多事情,但是杨绛还总是亲力亲为。幸好找了一个很有经验的护工,能让杨绛有些休息的时间。女儿钱瑗也来帮忙,但是毕竟工作很忙,常常熬到半夜两点,杨绛和钱锺书心疼女儿,就总是赶走她。

钱锺书住院期间,杨绛不肯回家:"锺书在哪儿,哪就是我的家。"她的深情都在话中了。张建术曾经发表过一部报告文学,名为《魔镜里的钱锺书》,在文中有一段夫妻二人的对话,让人慨叹伉俪之情深。"季康,不是说咱们找的人手明天就来吗?明天你就回家吧。""这怎么行,咱这只是从帮忙辅助的意义上找的人,我不走。""你可以站在一旁看看她做,看过了你总该放心,就明天一天啊。""默存,我发现《槐聚诗存》上有几处我抄错了字,书都印出来了,这可怎么好?""打岔,说你该回家的事。""我怎么能把你的诗抄错了呢?真是的。我怎么会抄错

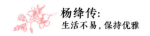
杨绛传：
生活不易，保持优雅

了呢……""明天你就回家去吧……"杨绛没有回答。

回家虽可休息，却要面对无人应和的孤单，而且钱锺书不在眼前，她怎么能安心，还不如就在这里守着。就算是数着最后的日子，饱受煎熬，却也是仅有的一点彼此陪伴的日子了。杨绛想在最后的日子里，多看看他。

就在杨绛全身心地照顾钱锺书的时候，女儿钱瑗也病了。这无疑是在杨绛的心上又割了一刀，要有多坚强才能面对丈夫和女儿先后重病入院啊！

钱瑗的病都是这些年累出来的。钱瑗的个性和钱锺书很像，淡泊名利却非常有责任心。她是北师大学术委员会委员，《英国语言与文学》编委，中英合作项目的负责人，全国高校外语专业指导委员会委员……头衔多得数不清了。这些头衔是荣耀，但同时也是责任。责任是什么？是一种只要人自己认可了，就背负在身上、融入了骨髓，不是一件说脱就能脱的衣服。钱瑗太优秀了，她背负了太多的责任。

钱瑗原是北师大俄语系的老师，1966年开始改学英语，后来转到英语系教英语。为了提升英语教学水平，她想到父母曾经留学过的英国去，于是申请参加公派留学。那时候留学英国很不容易，要通过由英国文化委员会举办的公开考试，而留学美国、澳大利亚和英国等其他国家就没有这么严格。钱瑗准备的时间不多，但还是全力以赴，没想到一次就通过了。

1978年9月12日，钱瑗飞往英国。钱瑗的天分很高，又懂

第十一章
彩云易散，琉璃易碎

得自律，学习从来都不用家长担心，就是杨绛和钱锺书很想她。离家两年，钱瑗写信回来也只能通过大使馆转递，一封信要一个月才能到。每次有信来，杨绛和钱锺书就争着读，他们也常常给钱瑗写信，有时候是英文信，有时候是中文信。

根据国家教育部的规定，这批留学生本来不用攻读学位，因为时间太短，而想要学位就要延期学习。钱瑗虽然也延期一年，却不是为拿学位而去修习那些不必要的课程，只为学习更多于自己有用的知识。两年中，她在学业上的收获远远超过了获得一个学位，对她日后在学术上和工作上的进步有很大裨益。钱瑗不愧为钱锺书和杨绛的女儿。

留学归来，钱瑗一心扑在工作上。在学校里，钱瑗是博士生导师，除了要代研究生的课之外，还要给本科生上课。家住城里，每天上下班往来十分不便，因为北京的车越来越多了，早晚高峰期总是要堵车，钱瑗为了不迟到就每天早走、晚退。有一次，钱瑗因为夜间工作太晚，早上睡过头了，于是急匆匆地往学校赶，到了学校才发现两只脚上的鞋子竟然是两个颜色，分明就不是一双鞋。

钱瑗的那些头衔和职务，让她忙得像陀螺一样。她是一个固执的人，交到她手上的事情，都要认认真真地做。比如一年一度的职称评审工作，钱瑗身为外语学科评审组组长，需要审核全国各地寄来的论文和专著，一篇篇论文和一本本专著读下来，工作量之大简直难以想象。有一次有一篇外省寄来的论文，钱瑗觉得在哪里读过，就根据记忆，花了很大工夫终于找到了原书，证实这篇论文确实是抄袭的。

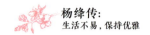

长时间的高负荷工作,让钱瑗的身体始终处于亚健康状态,常常腰疼,有时候还会咳嗽。杨绛让她好好检查一下,她就总说休息休息就好了,没什么毛病。1996 年,钱瑗腰疼加剧了,春日的一个清晨,她起床的时候觉得腰疼难耐,几乎坐不起来。再也不能买点药片对付过去了,因为她被"押"到医院了。

检查的结果很不乐观,骨结核并且有三节脊椎已经病变,也不排除有癌细胞的可能性。女儿的病来得太突然了,突如其来的噩耗传来,杨绛只觉得痛彻心扉,简直无法承受。丈夫已经躺在病床上,现在女儿也倒下了。躺在病床上,钱瑗每天还是不停地看书和工作,一刻都闲不下来。钱瑗很乐观,每天晚上母女俩都通电话,都是报喜不报忧,有说有笑的。经过全面检查,钱瑗的肺部发现有积水,专家会诊的结果是肺癌晚期,癌细胞已经扩散了。钱瑗的病情发展得太快了,她自知母亲看到自己更难过,就不让杨绛来守着她,而且她和父亲分别在两家医院,离得很远,她也不舍得母亲两处奔波。

1997 年 3 月 3 日,钱瑗说想看一看母亲,也许她已经知道自己大限将至。3 月 4 日下午,钱瑗走了。

一个人承受着这巨大的打击,送别至亲,杨绛坚强地回到钱锺书的床前,一如往昔地照顾爱人。

世间离殇,最是残酷的,莫过于白发人送黑发人。人生如此,且行且珍惜。

第十一章
彩云易散，琉璃易碎

3 爱无止境

人的一生犹如流星飞过，终有陨落的那一天。一切仿佛还是昨天，杨绛和钱锺书两个人一起去英国留学，一起在清华园漫步，但是真的到了最后的时刻，放开手就再无相见，终是难舍。

钱锺书曾经交代过杨绛，在他走后，骨灰不必留，灵堂不必设，告别仪式也不必举行，更加不需要有追悼会。多年夫妻，杨绛十分了解钱锺书，也能理解他的意思，但这很难办。杨绛皱着眉说："我自己，这样办得到，你嘛，就很难说了。"钱锺书偏头笑着对杨绛说："那就要看我身后的人啰！"

钱锺书病重期间，很多中共中央的高层领导都惦记着他，李岚清、李铁映、李瑞环、荣毅仁、王兆国和胡绳等领导同志都前往慰问或者致电关怀。钱锺书的病情不仅牵动着社科院领导和同事的心，更牵动着中央领导的心。他们的帮助和慰问，给了夫妻二人很大安慰。

1998年11月20日，杨绛陪着钱锺书在北京医院过了88岁生日，这是他生命中最后一个生日。中共中央领导和社科院的领导都来看他，还送了花篮贺寿。此后的十几天，钱锺书一直病情

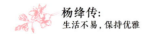

平稳，但是到了12月，他开始发高烧，用尽各种办法他的体温也降不下来。12月19日，钱锺书离世了。清晨的时候，他先是闭上了一只眼，另一只眼睛却没有闭上。杨绛握着他的手，趴到他的耳边说："你放心，有我呐！"然后轻轻地帮他合上另一只眼。呼出最后一口浊气，钱锺书的眉目开了，他安详宁静地走了。杨绛轻轻地亲吻了他的额头，将脸贴在他的脸颊上，久久不舍得放开。

杨绛给他最后的爱，就是告诉他放心走。爱到极致才能感同身受，才能用那么坚强的话语去送别挚爱。她怕钱锺书走得不安心，所以才说："你放心，有我呐！"从1935年两人成婚，到1998年钱锺书离世，他们一起走过了63年，她总是在为他考虑，万事以钱锺书为先，从来都不想自己有多难受。为了钱锺书，她可以忍受一切痛苦。一个人要将另一个人摆到何种位置，才能做到这种地步。心如刀绞，仍强颜欢笑。

爱，让这个世界变得美好，也让离别的时刻，变得更加痛彻心扉。

很早的时候，杨绛就说过："锺书病中，我只求比他多活一年。照顾人，男不如女。我尽力保养自己，争求'夫在前，妻在后'，错了次序就糟糕了。"留下的那一个人势必更难过，先走的人会少些心碎的回忆。最后一程，钱锺书有她相伴，可是没有钱锺书的她，又有谁来陪呢？

社科院的领导闻讯赶到了，杨绛对时任社科院院长的李铁映

第十一章
彩云易散，琉璃易碎

说："钱先生去世不举行遗体告别，不开追悼会，不留骨灰。钱锺书是这样交代我的。我们虽然不是共产党员，我们都是良民，奉公守法，赞成丧事从简。"杨绛的语气坚决，李院长听后半天没有作声。杨绛继续说："领导如果不同意，我会坚持向你请求，按照钱锺书本人的意愿行事。"杨绛一生追随钱锺书，但有所求，没有不应的。对于这最后一件事，杨绛也要按照他的意愿去做。

按照程序，医院将钱锺书的遗体送走，杨绛也离开了这间待了一千六百个日日夜夜的病房，311号病房是她和钱锺书最后在一起住过的地方，也是她的断肠之地。

晚上，杨绛接到了时任中共中央总书记江泽民打来的电话。在电话中，总书记对钱先生的离世表示沉痛哀悼，请杨绛节哀顺变，不要太伤心，然后对杨绛夫妇表示敬佩，说他们是"真正的唯物主义者"，并且一切尊重逝者之愿。

按照钱锺书之愿，丧事从简。12月21日，钱锺书的遗体在北京医院告别室停留，有关领导在此进行了一个短暂告别，没有任何鲜花挽联，也没有播放哀乐。钱锺书穿着黑色的呢子大衣，戴着一顶深蓝色的贝雷帽，脖子上系着一条灰色的围巾，安详地躺在棺木中。下午，钱锺书的遗体被送往了八宝山灵堂，曾任全国政协副主席的胡绳，也就是原社科院院长，是钱锺书的老领导，到场为他送行。中共中央政治局委员、中宣部副部长白克明也到场送行，现场还有钱锺书的女婿、外孙、外孙女和几个至交好友。依照钱锺书的意愿，现场来人不多，丧事简朴而庄重。

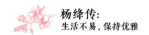

　　最后的时刻就要到了,钱锺书面容安详,杨绛看了又看,想到两人的过去。是不是就要这样走散了?曾经一起走过最美好的青年时光,也一起经历了最艰难的无情岁月,却走不过这平淡无华的好日子,痛的感觉死死缠绕着内心。打起精神,杨绛告诉自己要坚强,要送好这最后一程,让他一路走好。

　　钱锺书离世的消息发布后,来自全世界的吊唁纷纷而至,唁函分别发到杨绛处和中国社科院。法国时任总统希拉克发来电报,对钱锺书的逝世表示沉痛悼念,对这位20世纪的文豪一生中对法国所做的贡献表示感谢,并且再次肯定了钱锺书对法国和中国的文化交流所做出的巨大贡献。钱锺书在生前多次婉拒了法国总统和夫人的访问邀请,还曾拒绝法国政府预备颁发给他的勋章,因为自认为没有做出什么贡献。希拉克在来电中言辞恳切地说:"杨女士,我希望在这一不幸中分担您的痛苦,并以法国人民和我自己的名义,请您接受我深切的哀悼之情。"

　　英国时任文化大臣克里斯·史密斯也发来悼唁函,称钱锺书为"本世纪一位杰出的知识分子和学者",赞扬了钱锺书的学识之渊博,为中国失去这样一位学者感到遗憾。世界知名的《泰晤士报》刊登了《悼钱锺书教授》一文,文中特别提到了英国女王伊丽莎白在1986年访华前,曾经调阅了钱锺书在牛津时所写的论文。日文版《围城》的译者中岛碧、中岛长文和荒井健也纷纷发来唁电,悼念钱锺书逝世。

　　全球华人都对钱锺书的离世表示沉痛悼念,海内外媒体都刊

第十一章
彩云易散，琉璃易碎

登悼文追思钱锺书，在心中为他送行。清华大学中，也有很多人不舍钱老的辞世，他们自发地在树干挂了一串串千纸鹤。白鹤引路西归，它们在无声地祝钱老一路好走。

钱锺书虽已离世，然而，死者之名永不朽，生者之爱无止境。

4 生活碎影

钱瑗与钱锺书先后离世，独留杨绛一个人在这个世上，形单影只。一个人回忆那些生活的碎影，前尘往事，历历在目。

杨绛开始追忆那些共同走过的日子，寄托情思，她把三个人的幸福生活都写下来了，这是一个人在用文字来消除那种挥之不去的孤独。也许时光是不许人回头的，但是杨绛还是舍不得那些珍贵的回忆，于是有了《我们仨》这部让人既感到悲伤，又感到温暖的名作。

写一些文字纪念三个人的生活，这个想法在很早就有了。按照最初的设想，《我们仨》由三个人各写一部分，钱瑗写最爱的

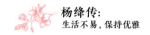

父母,杨绛写她眼中的父女俩,钱锺书写母女俩的生活。但是钱瑗动笔写了 5 篇就病逝了,钱锺书也一直没有病愈,直到剩下杨绛一人,她才开始动笔。

《我们仨》共由三部分组成:"我们俩老了""我们仨失散了"和"我一个人思念我们仨"。

自从家里的两个人都住院了,家亦不复是家。杨绛说,那里只是客栈。古驿道该是指黄泉路,311 病房就是钱锺书坐的船,水道就是忘川河,船行即是生命在接近尾声。杨绛送了一程又一程,自己也不知道是增加了痛苦还是减少了痛苦,"陪他走得愈远,愈怕从此不见"。

"三里河寓所,曾是我的家,因为有我们仨。我们仨失散了,家就没有了。"这个世界上最亲的两个人都走了,"死了""消失了""不见了",她不愿意用这些可怕的词,所以她说"我们仨失散了",因为她觉得既然是"失散",就总有"相聚"的一天。

《我们仨》问世之后,仅仅在一年之中,销售量就超过了 50 万册,得到了无数读者的喜爱。大家都被文中那浓浓的深情所打动了,不需要太多文学技巧,只是将那些美好的日常描写出来,就足以让读者热泪盈眶了。比起风华正茂的情侣,人们更羡慕那些扶持到老的夫妇。书的热销没有触动杨绛平和的内心,只是读者的来信让她感到非常高兴。她谦虚地说:"我没有写什么大文章,只是把自己个人的思念之情记录了下来,不为教育谁用。书在外面受到人们欢迎的情况,我也实在承担不起。"

第十一章
彩云易散,琉璃易碎

    杨绛一如既往地闭门谢客,她开始整理钱锺书留下的珍贵手稿。

    杨绛边读边整理,有的时候还需要粘贴、修补,因为有的手稿经历日晒雨淋,已经边角破损,上面满是岁月留下的伤痕。那些零散和破乱的手稿,随着他们走过干校,下过乡,住过办公室,曾经被收藏在柜子、箱子、麻袋甚至枕头里,和他们一样经历了各种磨难。她曾说:"我来日无多,总怕做不完这件事,常常失眠,睡不着觉。"杨绛深爱着钱锺书,作为妻子她睹物思人,作为一名优秀的学者,她也深知钱锺书手稿价值几何。

    "死者如生,生者无愧。"杨绛如是说。

    钱锺书做笔记的习惯是在牛津大学的时候养成的,图书馆的图书不准外借,也不能在上面乱写,只能自己带着铅笔和笔记本记下来,这么多年过去后,笔记的数量已经非常可观。杨绛把这些手稿分为三类:外文笔记、中文笔记、日札。

    外文笔记包括了英文、法文、意大利文、德文、西班牙文和拉丁文,杨绛不懂德文、意大利文和拉丁文,德国汉学家、翻译家莫芝宜佳也来帮忙整理。

    中文笔记是钱锺书的读书笔记和日记。当年接受思想改造的时候,听说学生可以检查老先生的日记,钱锺书就用剪子剪掉了日记部分,所以这些笔记都是支离破碎的,整理起来很费劲。

    日札是钱锺书的读书心得。他喜欢给日札题名,比如"容安室日札""容安斋日札""容安馆日札"等,署名也都对应着写

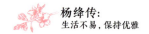

"容安斋居士""容安馆主"等,还有叫"槐聚居士"的。日札所写的内容很广,古今中外都有涉猎,名著小说、乡闻俚语都在他的笔下。

终于,手稿全部整理完毕。杨绛看着这么多笔记,又有一个新的难题:是不是应该整理出一套印刷体?但是笔记中涉及这么多国的语言,钱锺书还喜欢旁征博引,光是翻译和考证就不知要多少人力、物力了,还容易出现偏颇。最后,经过慎重的考虑,还是决定将原稿按原貌保存下来,影印出版。

《钱锺书手稿集》由商务印书馆出版,终于面世了,这是文学界的一件幸事,也让杨绛了却了一桩心事。要有多么深的情,才能一点一滴地铸就爱人的辉煌,这样的学者伉俪,值得敬佩。

2001年,杨绛将她与钱锺书该年上半年所得的72万元稿费和之后出版作品获得的报酬都捐献给清华大学,设立"好读书"奖学金,为那些寒门子弟可以好好读书提供经济上的帮助。

杨绛在捐赠仪式上发言:"我是一个人,代表三个人,我自己一个,还有已经去世的钱锺书和我们的女儿钱瑗。那个时候,我跟钱瑗在钱锺书的病床前,我们一起商量好了一件事,就是将来我们要是有钱,我们要捐助一个奖学金,这个奖学金就叫'好读书'奖学金……"杨绛的发言就像她的人一样,如涓涓清流润泽人心。

杨绛说,清华的校训"自强不息,厚德载物"这八个字就是她对所有获得"好读书"奖学金学子的希望。"自强不息"是

第十一章
彩云易散,琉璃易碎

告诉人要从自身做起,自强就是努力地学习知识、学习生存本领,珍惜时光,积极进取;而"厚德载物"是告诉学子们,承载万物,要积累道德。前一句是"起",后一句则是"止"。这是中国传统文化的精髓,也是杨绛一家人所秉持的理念。不论何时,重温杨绛的话,都觉得字字珠玑。

杨绛曾说:"留在人世间,打扫战场,尽我应尽的责任。"于是,她整理钱锺书的手稿,写下"我们仨"的故事,完成三个人的奖学金梦……她不疾不徐地做着要做的事情。

只要约定的事情,就一定要做到。杨绛瘦小的身躯中,蕴含着巨大的力量,那是感动人心的力量。

第十二章　时光隐士，孑然一身

1 人生边上

2004年，人民文学出版社出版了《杨绛文集》。这套丛书汇集了杨绛的代表作品与翻译作品。杨绛亲自写了《作者自序》和《杨绛生平与创作大事记》，还提供了很多珍贵的照片和文献资料。

这套丛书约250万字，分为八卷。小说卷中，收录了长篇小说《洗澡》及七篇短篇小说。而散文卷收录了《干校六记》《将饮茶》《杂写与杂忆》等散文著作。戏剧卷将早年的《称心如意》和《弄假成真》都收录了。后四卷都是翻译著作，包括《堂吉诃德》《吉尔·布拉斯》《小癞子》等作品。

在自序中，她十分谦虚地说："我不是专业作家，文集里的全部作品都是随遇而作。我只是一个业余作者。"但是文学界不会忽视这部文集的价值。《杨绛文集》不仅收录了杨绛创作和翻译的大部分作品，还有80多幅插图和照片，多数为首次发表，是一套非常有价值的历史研究资料。杨绛从民国时代走来，经历

第十二章
时光隐士，孑然一身

了新中国的建设和发展时期，她的文集从侧面反映了时代的变迁，是一代知识分子的历史缩影。

文集出版后，杨绛没有参加任何关于作品的研讨会，她说："我把稿子交出去了，剩下怎么卖书的事情，就不是我该管的了。而且我只是一滴清水，不是肥皂水，不能吹泡泡，所以开不开研讨会——其实应该叫作检讨会，也不是我的事情。读过我书的人都是可以提意见的。"

2005年，杨绛翻译的《堂吉诃德》引发了争议。北京外国语大学西班牙语教授董燕生提出质疑，他认为杨绛翻译的字数比其他版本的少太多了，可见"删掉了其中的部分章节"，还对于译本中的"胸上长毛""阿西利亚"等表示异议，舆论一时哗然。翻译这个事情，仁者见仁，智者见智，比如"胸上长毛"这个译法，可以说是一处败笔，但更多的人认为是绝妙的神来之笔。

对于字数减少，杨绛说："《文史通义》中讲到刘知几主张对文章要进行'点烦'，翻译涉及两种文字的不同表述，更应该注意'点烦'。《堂吉诃德》的译文，起初我也译了八十多万字，后经我认真'点烦'，才减到七十多万字。"更多资深的翻译家发言表示赞同，有人戏说："塞万提斯讲话太啰唆，确实应该适当'点烦'。"

岁月不饶人，尽管杨绛的年纪越来越大，她还是坚持翻译。翻译《斐多》是在钱瑗和钱锺书都离开之后，这该是一个做学

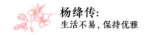

问的人,在学问中寻找排解忧伤的办法。她也在翻译中探索着"死亡"这个千古谜题。

哲学家讲,生死两面,唯有离开这一面,才能到达另一面,没有一个活着的人能够到达另一面,死亡因未知而神秘。《斐多》是柏拉图的名作,内容为苏格拉底在死的那一天,与门徒间对死亡、灵魂等问题的讨论,是西方有名的"死亡"对话录。在西方的文化史中,苏格拉底是第一个把哲学从天上拉回到人间的人。而在中国,杨绛是第一个让普通人读懂苏格拉底的人。

在后记中,杨绛写道:"我是按照自己翻译的惯例,一句句死盯着原译文而力求通达顺畅。苏格拉底和朋友们的谈论,该是随常的谈话而不是哲学论文或哲学座谈会上的讲稿,所以我尽量避免哲学术语,努力把这篇盛称语言生动如戏剧的对话译成戏剧似的对话。"

杨绛通俗易懂的翻译,让哲学不再高高在上地摆在那里,而是让普通人都能读懂。

2005年的新年,杨绛是在医院度过的。她感冒了,在家附近的诊所打过针,但是一直没有退烧,结果就住进了医院。经过一系列的调理、治疗后,她终于平安退烧了。这次生病,杨绛该是想起了她翻译过的《斐多》,想到很多关于生与死的问题,出院之后,她开始动笔写《走到人生边上——自问自答》,写写停停,耗时两年多。

《走到人生边上——自问自答》与钱锺书四十年前写的《写

第十二章
时光隐士，孑然一身

在人生边上》名字只有一字之差。两个人对于"人生边上"的定义却不尽相同。钱锺书的《写在人生边上》收录了他1939年前写的十篇散文，青年才俊涉世未深，他说这是"为人生的大书做注脚"。而杨绛的《走在人生边上》写在几近期颐之年，此时她已看遍了人间百态，可以说是走到了生死的边界线上，所以称之为"走到人生的边上"。

这部书分为两大部分，前一部分涉及神和鬼、灵与肉以及关于人的众多题目，后一部分则是注释。文中还写了很多玄幻的故事，也提到了中国的命理之说。杨绛受西方文化的影响，是一名唯物主义者，但是一生中也亲身经历过一些非常理可以解释的事情，所以这本书也是把问题抛出来，她在思考的过程中存疑求真。

杨绛小时候遇到过这样一件事，一直没有忘记：当时，家人拿已经死去的孩子的八字给一个算命的瞎子算，结果老先生掐指一算就怒了，大声说："你们家怎么回事？这孩子明明早死了！"

钱锺书的父亲曾经在两个人出国之前交给杨绛一份"命书"，上面是依据八字算得的钱锺书一生命数。根据上面所写，钱锺书的妻子比他小一岁，命里无子，只得一女，这些倒是都应验了，而命书上写的他"六旬又八载，一去不返"却未应验，钱锺书享年88岁，比命书上的整整多了20年。

为了创作《走到人生边上——自问自答》，杨绛找了古今中外的很多书籍作为参考，常常是昨天刚写出来，今天又被自己推

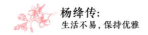

翻了,在思辨过程中,作废的稿子太多了,最后成稿的四万多字,都是思想精华之所在。

2007年,《走到人生边上——自问自答》终于出版了,此时的杨绛已经96岁高龄。"什么是死?"黄口稚儿都问过的问题成年人又是怎么回答的?至今无人敢说自己的答案是最准确的。杨绛保持了一颗求真的心,这就是不忘初心,她从未停止认知这个世界,对这个世界保持着好奇心与敬畏心,即便已经走到了人生的边上。

日升月落,草木枯荣,生命开始,继而结束。问答的结束并不是终结,而是等待着后来人继续去探索求真。

2 期颐之年

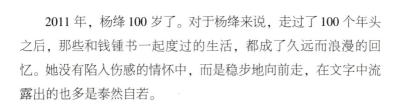

2011年,杨绛100岁了。对于杨绛来说,走过了100个年头之后,那些和钱锺书一起度过的生活,都成了久远而浪漫的回忆。她没有陷入伤感的情怀中,而是稳步地向前走,在文字中流露出的也多是泰然自若。

第十二章
时光隐士，孑然一身

她依然深居简出，不露人前，对于媒体的采访请求，多数都是拒绝的。社会各界对她的关注，倒是一直没有停过。在百岁生日来临之际，杨绛接受了一次书面访谈，由《文汇报·笔会》的主编周毅执笔，对她进行了专访。杨绛的百岁感言，吸引了全世界的目光。

"我今年一百岁，已经走到了人生的边缘，我无法确知自己还能走多远，寿命是不由自主的，但我很清楚我快'回家'了。我得洗净这一百年沾染的污秽回家。我没有'登泰山而小天下'之感，只在自己的小天地里过平静的生活。细想至此，我心静如水，我该平和地迎接每一天，准备回家。"每个人都在通往死亡的道路上，走到人生边缘的杨绛，对于死亡毫不畏惧，欣然面对，她称之为"回家"。

周毅问起杨绛的生日。在1911年7月17日，辛亥革命还没有发生，这样论起来杨绛应该是出生在宣统三年，这公历生日是从什么时候用起来的？杨绛讲了老父亲杨荫杭："我父亲是维新派，他认为阴历是满清的日历，满清既已推翻，就不该再用阴历……7月17这个公历生日是从我一岁时开始用起来的。我一岁时恰逢中华民国成立。我和中华民国同岁，我比中华民国还年长一百天！"

杨绛与钱锺书如神仙眷侣般的生活，一直是大家羡慕的。谈到爱情与婚姻，杨绛自有一番亲身体会："我由宽裕的娘家嫁到寒素的钱家做'媳妇'，从旧俗，行旧礼，一点没有'下嫁'的

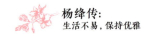

感觉，叩拜不过跪一下，礼节而已，和鞠躬没多大分别。如果双方计较这类细节，那么，趁早打听清楚彼此的家庭状况，不合适不要结婚。"

杨绛应该还有一句没有说出口的话，就是"如果结婚了，就不要轻易提离婚"。很多婚姻的失败都是从吵架开始，对所有的事情都要争夺主控权。试想一下，如果杨绛当年拒绝在钱家"从旧俗、行旧礼"，会怎样？如果钱锺书拒绝在杨家举行西式婚礼，又会怎样？

世界上没有任何人是按照另一个人的喜好而塑造的，不管爱的是谁，那都是一个和自己不同的人，不同的家庭出身，不同的家庭习惯，不同的教育背景。成熟的爱，就是坦然接受那些缺憾、不同，懂得如何去爱，看到彼此的好。"繁枝容易纷纷落，嫩叶商量细细开。"

"我是一位老人，净说些老话。对于时代，我是落伍者，没有什么良言贡献给现代婚姻。只是在物质至上的时代潮流下，想提醒年轻的朋友，男女结合最重要的是感情，双方互相理解的程度，理解深才能互相欣赏吸引、支持和鼓励，两情相悦。"

正是这些朴实的"老话"，让人懂得了爱情与婚姻的真谛，无外乎包容与欣赏。百岁光阴如梦，转眼已到期颐之年，孤独没有将杨绛压垮，她孑然一身地继续向前走，反而悟出更多道理。

钱锺书一直是欣赏杨绛的，也从不吝于赞美和宣扬。两人初恋时，钱锺书写下："少年情事宛留痕，触拨时时梦一温。秋月

第十二章
时光隐士，孑然一身

春风闲坐立，懊侬欢子看销魂。"诗中记下的是他对杨绛动心在春风中、秋月下，美好的爱情故事就是从这时开始的。两个人结婚之后，钱锺书写下："弄翰然脂咏玉台，青编粉指更勤开。偏生怪我耽书癖，忘却身为女秀才。"他怪自己只知道读书，家务事都是杨绛在做，却忘记了杨绛是一个女秀才。这首诗既赞美了妻子的勤劳、贤惠，又夸奖她是一个有学识、爱读书、会写作的女秀才。在两个人相处多年之后，钱锺书又写下了："黄绢无词夸幼妇，朱弦有曲为佳人。繙书赌茗相随老，安稳坚牢祝此身。"他说已经没有更好的话来夸赞夫人了，感激夫人与他晚年相伴。这些诗句是真情流露，洋溢着大师的风采，字里行间更隐藏着爱的呢喃。

"我与钱锺书是志同道合的夫妻。"这样坚定有力的话语，就是杨绛的回答，是她对钱锺书爱的回应。

周毅问杨绛是不是特别喜欢堂吉诃德，所以才会在"大跃进""文革"那么艰苦的时期，在自己都不会西班牙语的情况下，从头学习并最终完成了《堂吉诃德》的翻译。

杨绛是这样回答的："我对这部小说确实特别喜爱。这也说明我为什么特地自学了西班牙语来翻译。堂吉诃德是彻头彻尾的理想主义者，眼前的东西他看不见，明明是风车的翅膀，他看见的却是巨人的胳膊。他一个瘦弱老头儿，当然不是敌手，但他竟有胆量和巨人较量，就非常了不起了。"

杨绛还讲述了作为译者的经验之谈，作为一名好的译者，有

良好的母语底子,比掌握外语更重要。"翻译是一项苦差,因为一切得听从主人,不能自作主张,而且一仆二主,同时伺候着两个主人:一是原著,二是译文的读者。译者一方面得彻底了解原著;不仅了解字句的意义,还需领会字句之间的含蕴,字句之外的语气声调。另一方面,译文的读者要求从译文里领略原文,译者得用读者的语言,把原作的内容按原样表达;内容不可有所增删,语气声调也不可走调。"

中国社会科学院外文所专家郑土生是杨绛的同事,他为祝贺杨绛百岁生日,写了一首《寿星颂》:"静观兴衰具慧眼,看透美丑总无言。才识学德传五洲,崇高心灵享永年。"

到了7月17日,各界名人送来鲜花、贺卡,家里的电话接连响起,照顾杨绛的小吴一直在楼上楼下地接送来的鲜花贺礼。杨绛在电话中婉辞大家的祝寿请求。"你们在家替我吃一碗寿面。"杨绛亲切地对亲友们说。

中国作家协会主席铁凝与书记李冰去给杨绛祝寿,追忆往昔,相谈甚欢。

杨绛讲了八岁时候五四运动爆发,她好奇地跟着游行队伍去东交民巷的情形,到了天安门就遇到军警,于是队伍一团乱,她赶紧躲起来。讲起这些,杨绛的脸上露出了兴奋的红晕,那些回忆触动了她平静的内心。

铁凝无意中一抬头,看到天花板上有手印,非常奇怪,就问了一下。杨绛的回答把两个人吓了一大跳。杨绛说那是她晚上换

第十二章
时光隐士,孑然一身

灯泡弄的。棚顶那么高,站在桌子上是绝对够不着的,势必是在桌子上面又加了一把椅子,站到上面才能摸到灯座,而没有可以扶的地方,自然就是一手撑着棚顶才能稳住身形。杨绛太刚强了,明明可以等别人来帮她换的,却还要亲力亲为。

尽管已经100岁了,杨绛的生活还是一切照旧。每天子夜一点钟睡觉,六点多钟就起床,早上做做大雁功,在家附近遛个弯,中午吃完饭再睡一会儿午觉,其他时间都在读书、写作或者练字,作息非常有规律。

3 法律维权

独立不惧,遁世不闷。在经历过霜刀雪剑,看遍风光月霁后,杨绛心如止水。直到2013年,杨绛平静的生活又起波澜。

2013年5月,中贸圣佳国际拍卖有限公司公开发布一则公告,声称将在下个月举行钱锺书、杨绛和钱瑗书信以及手稿的专场拍卖会。三个人的书信和钱锺书的《也是集》手稿、杨绛的《干校六记》手稿等共有110件珍贵资料即将曝光。

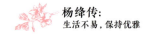

根据《光明日报》和《东方日报》的报道，这些书信手稿将于6月21日在北京万豪酒店拍卖，并且于6月8日在现代文学馆先行展览，举办一场名为"《也是集》——钱锺书书信手札专场"的研讨会。即将展出并拍卖的，包括：钱锺书的书信手稿，有60封毛笔所写的书信，8封钢笔、圆珠笔书信，还有207页钢笔所写的《也是集》手稿；杨绛的书信手稿，有12封钢笔书信，6页《干校六记》校勘资料；钱瑗的6封钢笔书信。

这次拍卖会的主办方中贸圣佳负责人胡兰杰表示，本次拍卖的钱氏一家书信文稿，都是装帧完整且没有被公布的珍贵文献资料。

这些书信文稿到底是从何而来？原来是从香港《广角镜》杂志社的总编辑李国强手中流出的。1979年至1998年之间，李国强担任香港综合性杂志《广角镜》的编辑，因为邀请钱锺书为杂志撰稿，两人相识并渐渐成为朋友，与钱家的书信也越来越多。钱锺书在信中的称呼，也从初时的"国强先生"，变成了后来的"国强我兄"。钱锺书还托李国强用他的稿费帮他买一些西方的好书。

有些专门研究钱学的专家，看过这一批手稿后大为赞颂。这些都是非常珍贵的文史资料，尤其是书信部分，带着钱锺书式的幽默和诙谐，能够在反映文学水平的同时，让人更加了解他的脾气性情、做人原则。钱锺书习惯用文言文，信纸也喜欢用古香古色的八行笺，都是写的满满的，单是书法价值就不可估量。

第十二章
时光隐士，孑然一身

书信中，既有他们对事的看法，也有他们对人的评价，很多都是一些至交好友间才能聊的话。比如在1981年的信中，钱锺书提到《红楼梦》的英文译本："因思及Hawkes近以其新出译本第三册相赠，乃细读之，文笔远胜杨氏夫妇，然而此老实话亦不能公开说，可笑可叹。"文中的杨氏夫妇即为杨宪益和戴乃迭，钱锺书一定没有想到，有一天这些朋友间的书信会在这种境况下公布天下，人尽皆知。

杨绛是在5月20日得知这个消息的，她大吃一惊，立刻打电话给李国强，问他为什么要把这些书信文稿公开拍卖。李国强说这件事不是他做的，是朋友做的，并且承诺一定会给杨绛一个答复。中贸圣佳方面则做出公开回应，表示本次展览拍卖活动都是出于对钱锺书与杨绛的尊重而为，这些书信手稿都非常珍贵，非常有文学研究价值，研讨会和拍卖会也将提前举行。

5月26日，杨绛发表了一封公开信，表明态度。《光明日报》《新今晚报》等多家媒体都刊登和报道了这封公开信。信中，杨绛态度坚决地反对私人信件被他人拍卖："我不明白，完全是朋友之间的私人书信，本是最为私密的个人交往，怎么可以公开拍卖？个人隐私、人与人之间的信赖、多年的感情，都可以成为商品去交易吗？"公开信中表明，如果研讨会和拍卖会不停止侵权行为，她将会以法律途径维护自己和家人的权益。一时之间，百岁老人独立风口浪尖。

名人书信被拍卖，不是第一次发生，并且成交价格逐年升

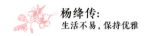

高,价值与隐私的讨论也从未停止。事件发生后,北京大学、清华大学和中国人民大学的法律专家们都积极地参与进来,纷纷举行专题研讨会,并且一致认为,未经作者同意,没有人可以拍卖他人信件,这严重地侵犯了他人的隐私权和著作权,应当依法禁止。

《中华人民共和国宪法》规定,公民通信秘密是我国公民享有的基本权利。书信的著作权是属于书信作者本人的,不因为信件到了别人手里而转移所有权,收信人或者拍卖公司都没有权利展示、拍卖。钱锺书于1998年辞世,这些稿子都写于20世纪80至90年代,从著作权的角度来说,没有超过50年的保护期,而且杨绛还有继承权,因此未经杨绛许可,任何人都没有权利去拍卖。

5月29日,中国作家协会铁凝代表作家们发表心声:"私人间的通信是建立在互相尊重、信任的基础上的。利用别人的信任,为了一己之私,公开和出售别人的隐私,有悖于社会公德与人的文化良知。在当事人坚决反对的情况下,如果还执意要这样做,是对当事人更深的伤害。"

也是在这一天,国家版权局公开发表声明,支持杨绛先生依法维护合法权益。慈柯为国家版权局管理司负责人,对于拍卖事件他表示:"国家版权局支持著作权人依法维护自身合法权益的诉求。"慈柯还表示将会继续关注事件的进展。

5月30日,迫于压力,中国拍卖行业协会也发表回应,拍

第十二章
时光隐士，孑然一身

卖公司理解并且尊重杨绛的意愿，希望委托人也尊重杨绛意愿。

5月27日，杨绛委托北京大成律师事务所的律师王登山担任代理人，开始法律维权之路。王登山在当日发出律师函，要求中贸圣佳国际拍卖有限公司立刻停止拍卖杨绛、钱锺书和钱瑗的书信手稿。紧接着，王登山向北京第二中级人民法院提交了"诉前责令停止侵害著作权申请书"。

一波未平，一波又起。就在法院刚刚受理此案、刚刚开始审理之时，又传来新的消息，北京保利国际拍卖有限公司也宣布要拍卖钱锺书一家三人的书信手稿。6月1日，北京保利在亚洲大酒店公开举行为期六天的拍卖会，而钱锺书和杨绛的书信就定在6月3日公开拍卖。王登山立刻在6月2日发出律师函给保利公司，要求其立刻撤拍，保利公司只好在官网发布了撤拍的公告。

经过一年的诉讼，杨绛终于取得了最后的胜利。2014年2月17日，北京市第二中级人民法院在官网上公布该案审理结果。法院最终判决中贸圣佳公司停止涉案侵害书信手稿著作权行为，赔偿杨绛10万元经济损失；中贸圣佳公司、李国强停止涉案侵害隐私权的行为，共同向杨绛支付10万元精神损害抚慰金；中贸圣佳公司、李国强要公开向杨绛赔礼道歉。

"我爸爸就是学法律的，我也懂法，知道法律一定会保护老百姓的通信秘密。"这是杨绛和保姆小吴说过的话。的确，很多人都不记得了，杨绛的父亲杨荫杭就是一位律师，曾任京师高等监察厅检察长，当年是一个铁骨铮铮、不畏强权的勇士。

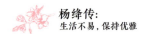

文学尊严,不容侵犯。"惹怒"这样一位律师的女儿,怎能不被告上法庭?用法律维权,杨绛不仅是一个人代表三个人在发声,更是代表着所有知识分子在捍卫权益。

4 生荣死哀

尘霜满鬓的老人,很多事情已渐渐遗忘,回忆变成一些零散的画面,唯有那一抹柔软的爱意,在心头烙下了永恒的印迹。

2014年6月4日,杨绛在上海《文汇报》上发表了一篇文章,题目是《钱锺书生命中的杨绛》。文中写道:"我原是父母生命中的女儿,只为我出嫁了,就成了钱锺书生命中的杨绛。"人世间,要多少缘分,才能结为夫妻?从嫁人的那一刻开始,杨绛成为钱锺书生命中最爱的人,两个名字刻在一处,恋恋一生。

"我最大的功劳是保住了钱锺书的淘气和那一团痴气。这是钱锺书的最可贵处。他淘气、天真,加上他过人的智慧,成了现在众人心目中博学而又有趣的钱锺书。"在笔下,在文中,在脑海里,杨绛还能看到钱锺书,虽然连个衣角都碰不到,浓浓的爱

第十二章
时光隐士,孑然一身

意都在字里行间,仿佛钱锺书从未离开。

"每项工作都是暂时的,只有一件事终生不改:我一生是钱锺书生命中的杨绛。这是一项非常艰巨的工作,常使我感到人生实苦。但苦虽苦,也很有意思,钱锺书承认他婚姻美满,可见我的终身大事业很成功……"人生实苦,哪怕一室尘埃、无人可依,那些美好的时光曾经存在过。分别后,隔了多少似水流年,只要沉浸在文字中,那种爱与被爱的感觉,还是能一下子都回来。只因情到深处,爱到极致,不思量,自难忘!

孑然一身,断念成空,杨绛反而更明了真爱的可贵与意义所在。

钱锺书曾经在书上写过一句话:"赠予杨季康,绝无仅有地结合了各不相容的三者:妻子、情人、朋友。"世上只有一个杨绛,人间只有一个钱锺书,他们的爱,是不可复制的大爱,是永恒的爱情故事。茫茫人海中,他们是彼此灵魂的伴侣,心意相通。

2014年,人民文学出版社出版了《杨绛全集》,这篇《钱锺书生命中的杨绛》也被收录其中。这一年杨绛已经103岁了,如此高龄还在坚持写作,杨绛堪称文学界的一个传奇。相比2004年的《杨绛文集》,《杨绛全集》中又增加了20多万字的内容,包括一部小说、两个孤本、六首新诗和数篇散文。

中篇小说《洗澡之后》是《杨绛全集》的最大看点,杨绛20多年前所写的那本《洗澡》,有众多读者喜欢,结局却留下太

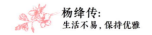

多想象空间。这一次,她把续集写出来了,结局圆满得像童话故事。《洗澡》中,罗厚与姚宓、姚宓与许彦成、许彦成与杜丽琳等人都没有明确的结局,让很多人看着着急,恨不得催着写出个结局来,也有其他人筹谋要着"帮"杨绛写出续集。杨绛推出这本《洗澡之后》,在前言中写道:"许彦成与姚宓已经结婚了,故事已经结束得'敲钉转角',谁还想写什么续集,没门儿了!"老人的话让人忍俊不禁,透着一股子孩子般的天真,但也透出了对于自己作品中人物的喜爱。

任何一名作家,笔下的人物都是从无到有地写出来的,每一个丰满的人物都是从骨刻画,渐渐成为有血有肉的人。随着故事中的人物的人生起伏,那些人物会说什么话,做什么样的选择,甚至有什么样的表情,都无须再刻意了,因为人物已经写活了。而这些"活了"的人物,在作家眼中,都是疼之爱之的,自然不喜欢别人续写。

《杨绛全集》中首次收录了1945年创作的《风絮》,这是一个非常有志向的青年,带着一位富家千金一起到农村去的故事。而翻译作品中增加了《一九三九年以来英国散文作品》,这部作品是英国文学评论家约翰·黑瓦德的著作。新收录的《忆锺书》《哀圆圆》《中秋》《自嘲》《悲王季玉先生(两首)》六首诗都创作于2010年,是为钱锺书的百年诞辰纪念而写。写作,永不停息,在生命的终章,杨绛依然笔耕不辍,不负先生之名。

杨绛的"女先生"之名还是从清华教书的时候得来的,那

第十二章
时光隐士,孑然一身

时候学生都喜欢叫她"杨绛先生"。后来。杨绛虽然不教书了,但是却有更多的人尊称她为"先生"。

"先生"二字,从字面的意思来说就是指先出生。《尔雅》是古代辞书之祖,书中记载:"男子先生为兄,后生为弟。谓女子,先生为姊,后生为妹。"于是"先生"被定义为长辈、长者。古时候,长者的经验丰富,了解的知识更多,于是人们就用"先生"来尊称那些声望高、学识广的人。到了近代,很多女性被尊称为"先生",比如冰心、宋庆龄等,杨绛也是其中之一。被尊称为"先生",不仅是因为杨绛长寿高龄,还因为她在文化界所取得的成就与地位。"女先生"之名,实至名归。

杨绛的身体越来越差了,时常住院。但她微笑着面对一切,活得越久越明白,不以任何人的意志向前,才是生活的本相。只要活着的每一天都用心度过了,便不枉此生,也就不惧死亡。她把死亡看成是回家。让人害怕死亡的,从来都是人对死亡的看法,如果人不觉得死亡有什么可怕,那么死亡就不是一件痛苦的事情。

哲学家周国平曾言:"这位可敬可爱的老人,我分明看见她在细心地为她的灵魂清点行囊,为了让这颗灵魂带着全部最宝贵的收获平静地上路。"

2016年5月25日凌晨,一代文学大师杨绛辞世了。在北京出生,在北京离世,她的生命画出了一个完美的圆。根据杨绛的意愿,她去世之后要"火化之后再发讣告"。生如夏花之绚烂,

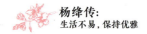

死如秋叶之静美,她悄然谢幕了。

　　时间如白驹过隙,须臾间,往事已矣,一幕一幕就像是皮影戏,在造物主的操纵之下,在灯火明灭之间,看不清却又真真切切地在人的心上留下影子。随着杨绛的离去,似乎一个时代也随之彻底结束了,她是民国的最后一个传奇女子,也是最后一位女先生。

　　才女离世,生荣死哀。尘烟落幕,"我们仨"又在天堂相聚。